土家族卷

中国博物馆馆藏民族服饰文物研究

覃代伦
胡彦龙

著

东华大学出版社

·上海·

作者简介

覃代伦，土家族，1963年生，湖南桑植县人。现为国家民委直属中国民族博物馆非遗部主任，研究员。2014年入选"国家民委领军人才支持计划人选"，2019年被聘为"贵州省文史研究馆特约研究员"，2021年被教育部聘为"全国民族技艺职业教育教学指导委员会副主任委员"。长期从事民族文化教育图书编辑、民族文化专题展览、对外文化交流和美术评论工作，主要著作有《张家界民族风情游》、《张家界市情大辞典》、《土家族》（国家出版基金项目）等。

胡彦龙，汉族，1981年生，河北省内丘县人。中央民族大学历史系中国古代史专业硕士研究生毕业，现就职于中国民族博物馆展陈部，馆员。主要从事民族文化专题的文物征集、藏品研究及展览策划工作。

总　序

　　2016年11月10日，习近平总书记向国际博物馆高级别论坛致贺信时强调："博物馆是保护和传承人类文明的重要殿堂，是连接过去、现在、未来的桥梁，在促进世界文明交流互鉴方面具有特殊作用。"博物馆传承文明的这种突出的教育功能，已然成为国民教育体系的重要组成部分。现在，走进博物馆越来越成为各族人民的生活方式。特别是节假日，一些人扶老携幼到访博物馆，去体验历史，浸染文化，欣赏艺术，感知社会文明进步的方向。

　　我们在博物馆里看到这些琳琅满目的文物，无不是我们的先人进行物质生产的见证。唯物史观告诉我们，"人们首先必须吃、喝、住、穿，然后才能从事政治、科学、艺术、宗教等等"（恩格斯《在马克思墓前的演说》）。人类要生存和发展，就必须首先要解决衣、食、住、行这些基本的物质条件。就拿穿衣来说，与吃饭同等重要，"温饱"是人生活的最基本要求，这"温"当然就是指衣服。我们看博物馆那色彩斑斓的服饰展览，寻觅其历史演变的路径，感知从御寒、护体、遮羞到实用、美观、靓丽的发展过程，正所谓"衣必常暖，然后求丽"（刘向《说苑》），从而能进一步领悟到各族人民在服饰文化上高超的创造才能和不断进取变化的审美意识。

我国素有"衣冠王国"之誉，服饰文化源远流长。在上古社会，"有巢氏以出，袭叶为衣裳"（《鉴略·三皇记》）；明代罗颀《物原·衣原》云："有巢始衣皮。"上古先民用树叶和兽皮缝制衣服，可以说是服饰文化的滥觞。江苏吴县草鞋山遗址就出土了6000余年前的服饰残片；浙江钱山漾遗址（良渚文化）就出土了4700余年前的平纹组织的蚕丝织物残片。《韩非子·五蠹》称唐尧时代"冬日麑裘，夏日葛衣"；《墨子·辞过》称神农氏"教之桑麻，以为布帛"，称伏羲氏"化桑蚕为穗帛"。相传黄帝的元夫人嫘祖，就是人们耳熟能详的农桑女神。

自夏商以后，开始出现冠服制度，到西周已经比较完备。战国时期，诸子百家，思想活跃，服饰也各有风采。两汉时期，农业经济发展，服饰日益华丽。隋唐之时，形制开放，以胖为美，袒胸露背的女装时见于上层社会。宋明期间，讲究伦理纲常，服饰趋于保守。清末以来，国门打开，西风东渐，服饰也日渐适用、方便，甚至"西装革履"已成了男人们出席正式场合的"标配"。服饰的产生和演变，与经济、政治、思想文化、地理环境、宗教信仰、生活习俗等，都有着密切关系。不同时代，不同民族，不同地域，都有不同服饰，但相互间又有联系和影响。即使在同一社会，也有上层和下层的不同，有阳春白雪和下里巴人的不同，有"粗缯大布"和"遍身罗绮"的不同。当然，这些都是阶级社会历史的常态。

我国是一个多民族统一的国家。从远古传承过来的馆藏民族服饰文物，见证了中华民族共同体形成与演化的历史进程。殷商时期玉、石、青铜、陶器上的人形服饰图案，可以看出多为华夏周边部族的形象。河北平山古中山国墓中出土的玉人，头戴羊角形冠，穿小袖长袍，腰系带钩，袍下半部为格子花纹，应是"北狄"的典型服饰。四川广汉三星堆出土的青铜人立像，身躯细长，着窄袖紧身长袍，领口部呈V字形，无领。长袍前襟在左腋下开启扣合，称"左衽"，是周边民族服饰的重要特征，与中原华夏民族服饰的"右衽"不同。袍前裾过膝，后裾呈燕尾状。长袍上满饰复杂纹样，前襟左侧饰两组龙纹，右侧为云龙纹，下部为变形饕餮纹，最下方还有两组并列的倒三角纹。据专家考证，此立像应为古蜀国主持祭祀的巫师首领或某代蜀王的形象。相对于中原华夏民族而言，古蜀国当属西戎。中原者，乃"天下之中"也，又称"华夏""中土""中州"，是指以河南洛阳一带为中心的黄河中下游地区。周武王建立周朝之"宅兹中国"（青铜重器何尊铭文），就是在这个地区。此地的华夏民族在服饰上与周边东夷、西戎、南蛮、北狄等部族的最大区别，就是袍服上的右衽开合。华夏民族经过长期的繁衍发展，并不断与其他部族融合而形成汉族，成为中华民族大家庭的主体民族，为中华文明的发展做出突出的贡献。

史载北方游牧民族之"胡服"与中原地带华夏民族服饰的第一次双向良性互动，就是名传青史的"胡服骑射"。公元前307年，赵国东有齐国、中山国，北有燕国、胡人部落，西面是娄烦，与秦、韩两国接壤。士大夫们宽衣博带，锦衣玉食，无骑射之备，何以守国护家？于是，赵武灵王下令举国"胡服骑射"。何谓胡服？乃北方游牧民族之小袖短衣、短靴与带钩是也。这样的服饰，便于骑射作战，从强军战略的角度看，这是春秋战国时代北方游牧民族对中华民族服饰文化的历史贡献。

　　西汉王朝是一个英雄与美人、铁血与柔情并存的雄强时代。西汉元封六年（前105年），汉武帝钦命江都王刘建之女刘细君为公主，和亲乌孙国王猎骄靡，为其右夫人，陪嫁宫女、工匠、锦绣、帷帐、玉器若干；细君公主则作《黄鹄歌》以解千里乡愁，以谢皇恩浩荡。西汉太初四年（前101年），解忧公主和亲乌孙国王军须靡，凡50年，历嫁三代乌孙国王，生四子两女，长子元贵靡为乌孙国王，次子万年为莎车国王，三子大乐为乌孙左大将，长女弟史嫁龟兹国王，小女素光嫁乌孙翎侯。两位汉家公主——细君公主和解忧公主为西域诸国带去先进的汉服制造技术和丝绸衣料，也为西汉王朝与丝绸之路上西域诸国的和平相处、共同发展做出了贡献。公元前33年，汉元帝又遣王昭君出塞，和亲北方匈奴王呼韩邪单于，带去"汉服"及宫女、乐师、工匠若干，使汉匈之间享受了长达50年的和平与发展。

　　唐太宗李世民是中国历史上第一个主张民族平等、团结共荣和提出"中华"族群概念的开明君王。唐太宗李世民云："自古皆贵中华，贱夷狄，朕独爱之如一。故其种落，皆依朕如父母。"（《资治通鉴》卷一九八）。唐太宗贞观十五年（641年），文成公主进藏和亲吐蕃赞普松赞干布，唐太宗所赠嫁妆中就有锦锻数千匹，工匠数百人。可以说，文成公主把纺织、缫丝技术传入了吐蕃地区（今青藏高原），结果是松赞干布在拉萨大昭寺树立"甥舅同盟碑"，在藏地颁布"禁赭面，服唐服"之政令，北京故宫博物院藏唐人阎立本《步辇图》之禄东赞所穿联珠团窠纹锦袍，即唐史所载"蕃客锦袍"也！唐景龙四年（710年），唐中宗命左骁卫大将军杨卫护送金城公主入吐蕃，和亲吐蕃赞普赤德松赞，入吐蕃三十余年，力促唐蕃和盟，在赤岭定界、刻碑，在甘松岭互市，其中多为马匹、金银铜铁器与丝绸互市。汉藏两大民族交往交流交融，始于文成公主，盛于金城公主。那时，波斯、天竺、泥婆罗等外邦番人携奇珍异宝职贡不绝于途，北京故宫博物院藏阎立本《职贡图》多有绘写描述。胡服、胡乐、胡舞、胡食等边地民族文化艺术，一度成为大唐帝国的时尚风向标。

北方游牧民族服饰对中原华夏服饰的第二次良性双向互动，则始于蒙古人入主中原之后的蒙元王朝。《蒙古秘史》《蒙古黄金史》和《蒙古源流》三大史书均记载蒙古黄金家族贵族男子多穿金光灿烂的织金辫线锦袍（中国民族博物馆藏品），贵族女子多戴高高耸立的"罟罟冠"（中国民族博物馆藏品），着交领右衽曲裾长袍。蒙古平民男子多穿腰部多褶的质孙服，蒙古平民妇女多穿带比肩或比甲的黑色长袍。据《元史·舆服志》载，元世祖忽必烈令改官服为"龙蟒缎衣"，民服则"从旧俗，为右衽"。后来，他又"近取金宋，远法汉唐"，男子公服近乎宋式，形制皆盘领，右衽；女子以襦裳居多，半臂袖依然流行。我们从台北故宫博物院藏《成吉思汗像》《忽必烈像》和《元代皇后像》中可以见蒙古黄金家族的常服形象。凉州会盟，吐蕃正式归化元朝廷，忽必烈钦赐西藏萨迦首领恰那多吉的"白兰王铠甲"（西藏博物馆藏）为这一时段的国宝级文物。国师八思巴当时是华夏汉服、色目人服与北方蒙古民族服饰大融合的最主要推动者。

清朝是满、汉、蒙、回、藏文化交融并存并荣的时代。在服饰制度上，清王朝坚持了满洲八旗人紧身易于骑射的民族服饰样式，同时汲纳了明朝服饰的某些典章制度的规定，制定了各种等级冠服的形制。清朝皇族服饰有朝服、吉服、常服等，龙袍以明黄色为主色系，绣九龙，以表皇帝九五之尊。皇帝穿龙袍时，必须佩戴吉服冠，束吉服带及佩挂朝珠。皇后

常服款式与满族贵妇服饰基本相同，圆领，大襟，衣领、衣袖、衣摆饰各色花边，耳垂"一耳三钳"，足蹬高跟木屐，行路如风摆杨柳。清代男子服装主要有袍、褂、袄、衫、裤等，清代女子服装则按所谓"十从十不从"中"男从女不从"的说法，存满汉两式，其中满族妇女着长袍、马褂、马甲，尤其从旗装发展而来的旗袍，更是风靡至今而不衰，而汉族妇女则着上衣下裳或下裤。关于西南诸民族服饰，乾隆年间《皇清职贡图》和嘉庆年间《百苗图》中多有形象的描绘，为后世提供了可资研究或复制的范本。

东华大学出版社隆重推出《中国博物馆馆藏民族服饰文物研究》（6卷本），正是根据全国520余家民族类博物馆诸多涉及民族服饰文物收藏，以藏族、蒙古族、苗族、彝族、瑶族和土家族6个民族丰富的服饰文物为主要研究对象，既有陶器、骨器、青铜器、金银器、瓷器、玉器等，还有诸多人物画、壁画、职贡图、苗蛮图等；既有诸多文化遗址出土的葛麻织物残片、丝绸织物残片、织机纺轮文物等，还有诸多官修正史附有的《舆服志》《仪卫志》《郊祀志》《五行志》《蛮书》《土司列传》和地方志、谱书记载，以及众多历代保存下来的服饰文物样本，从民族学、人类学、博物馆学和文献学的角度切入，进行专题研究，正如郭沫若先生所说："古代服饰是工艺美术的主要组成部分，资料甚多，大可集中研究。于此可以参见民族文化发展的轨迹和各兄弟民族间的相互影响（1964年5月25日）。"的确，这些民族服饰，既反映了本民族的特点，也反映了中华各民族交流、互鉴的成果，是全体中华儿女的宝贵财富，体现了各族人民卓越的创造智慧和对美好生活的追求，值得我们永远珍惜。

我们相信，上海市新闻出版专项资金扶持的这套民族服饰文物研究丛书的出版，对于进一步让收藏在博物馆里的文物"活起来"，彰显中华民族的文化自信与文化魅力，为构建中华民族共有的精神家园，为实现文化强国、文创中国而贡献一份光和热，实为一件盛事，值得推荐。

　　是为序。

马自树

（国家文物局原副局长）

2020 年 6 月 8 日于北京

目 录

第一章

土家族
服饰的前世今生

土家族 是中华民族大家庭中非常重要的一员，土家族从哪里来？土家族到哪里去？土家族的人文初祖又是谁？土家族服饰的源流又在哪里？

土家锦发展源流示意图

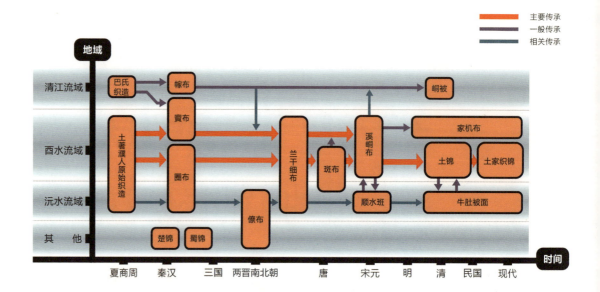

土家族分布示意图

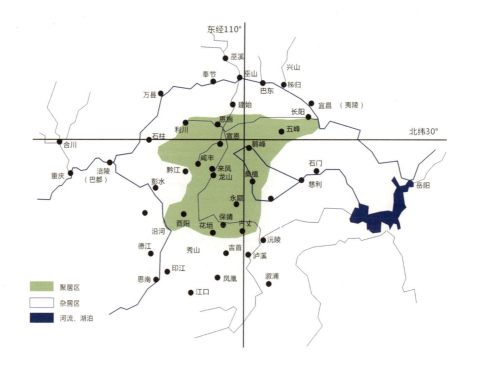

土家族服饰的源与流，从远古到秦汉

黄帝、伏羲和蚩尤并列为中华民族三大人文初祖，根据《山海经》记载："西南有巴国。太暤生咸鸟，咸鸟生乘厘，乘厘生后照，后照是始为巴人。""太暤"就是传说中的神话人物"伏羲"，按照上述血缘关系推断，土家先祖"巴人"就是"伏羲"的曾孙辈了。

巴人从哪一年有史记载？据考证，应该是夏朝初年。那时，夏朝龙头老大"禹"在浙江会稽山举行群英会（禹会诸候于会稽），拿着"玉帛"前去会盟的部落居然有"万国"之多（执玉帛者万国，巴蜀与焉），可见其盛况。而巴人建立的"巴"（实为部落群），敬献给盟主"禹"的就是一对比翼鸟。何谓比翼鸟？《尔雅·释地》云："南方有比翼鸟焉，不比不飞，其名谓之鹣鹣。"此比翼鸟多被后人视为"爱情神鸟"，我们可否认为这就是土家锦中鸟纹最早的起源呢？

禹有一个著名的儿子"启"，他做了一件对土家先民非常有历史意义的大事，那就是派一个名为"孟涂"的大臣主管巴人的诉讼。《山海经·海内南经》记载："夏后启之臣曰孟涂，是司神于巴。人请讼于孟涂之所，其衣

有血者乃执之，是请生。居山上，在丹山西。丹山在丹阳南，丹阳居属也。"从文献记载可知，早在公元前2070年前，土家先民巴人就有"衣"了，孟涂就是凭借"血衣"来主持巴人的公道。至于此"衣"是何衣？其材质，其色彩，其形制，言焉不详也。但有一点可以肯定，土家族服饰史，可以溯源到4200多年前。

自夏而商，自商而周，据《华阳国志·巴志》记载，巴国"其属有濮、賨、苴、共、奴、獽、夷、蜒之蛮"八大族群。这八个族群，应该就是指商周时代的巴人八大部落。这八大部落曾经在周武王时代，组建了一支神勇的军队"巴蜀之师"讨伐商纣王："巴师勇锐，歌舞以凌殷人。"土家先民组成的军队唱着歌、跳着舞就击溃了商纣王的军队，报了商王夫妇武丁与妇好的驱伐之仇，为周武王建立周朝立下了赫赫战功。战后论功行赏，周武王封"巴国"为"周之邦国"，并赐巴国国君"子爵"之位（有公、侯、伯、子、男等爵位），巴人在西周初年开始从部落族群开始建立"邦国"了。至于那支勇锐无比的、又唱歌又跳舞的"巴师"，其军队形制如何？周史无记载，只能在历史的星空中发挥读者自己的想象力了。

历史的车轮滚滚向前，公元前316年，秦惠文王派司马错、张仪灭巴国，置巴郡，"巴国"作为一个邦国就消失在历史的天空中了。从周武王分封建立邦国，到秦惠文王灭巴国置巴郡，巴国在中国历史上存在了整整1600余年。秦惠文王，何许伟人也？芈月之王夫也！秦昭襄王时，巴郡阆中一带有大白虎为患，伤千余人。秦昭襄王诏令川东一带板楯蛮廖仲射杀白虎，并刻石盟要，免除板楯蛮罗、朴、督、鄂、度、夕、龚七姓租赋，作为射虎除害之奖励。秦昭襄王者，何许伟丈夫也？芈月之王子，秦始皇之爷也！至少从史籍所载板楯蛮，我们可知土家先民是勇猛善战的猎虎民族，他们以虎皮或鹿皮蒙木板为盾、为衣，以兽肉或野果为食，制弩造箭，演兵习武，缓慢地实行着一个民族的进化。土家人服饰中的白虎崇拜，又被称为"弩头虎子"，大约始于廖仲射虎。在湖南龙山县里耶战国古墓群发现陶纺轮和印纹陶片，以及里耶秦简中记载着大量生产军服、运输军服的史实，又表明生活在楚国境内的巴人织造之风何其盛也。秦国灭巴、楚距今已2300余年了，秦军服制造工具的考古发现，是土家织锦历史演进中的重要一环，从考古学的视角印证了土家族服饰的悠久历史。

《后汉书·南蛮西南夷列传》记载，"巴郡、南郡蛮，本有五姓：巴氏、樊氏、曋氏、相氏、郑氏，皆出于武落钟离山。其山有赤、黑二穴，巴氏之子生于赤穴，四姓之子生于黑穴。未有君长，具事鬼神，乃共掷剑于石穴，约能中者，奉以为君。巴氏子务相乃独中之，众皆叹。又令各乘土船，约能浮者，当以为君。余姓悉沉，惟

● 史载如斯，那么，考古发现支持这个历史记载吗？湖南张家界市一带在汉时属武陵蛮、娄中蛮地盘。1986年，张家界市永定区武陵大学基建时出土一件西汉三管配刀跽座铜俑，高16.6厘米，宽9.6厘米，重1.4千克。铜俑头顶饰一根空心柱，发髻似帽，面部呈椭圆形，宽额；双耳肥大，右耳有一穿孔。双眼细长，鼻高，嘴小，双臂纤腰，双膝跪地，佩刀，胸前有一斜挎佩带，佩带上刻有"人字"纹饰。

务相独浮。因共立之，是为廪君。"这段文字详述了土家先民另一支系"廪君"诞生的过程，以及他们从"夷水"（今清江）迁徙到"盐阳"（今宜昌）的过程，他们就是今日恩施土家族的先祖。据考证，武落钟离山，在今湖北长阳土家族自治县境内。

秦地既定，巴人不向朝廷缴纳租赋，巴人称呼"赋"为"賨"，当时以"賨布"代缴租赋，故"巴人"又发展成为"賨人"，土家锦又被史籍称为"賨布"。《风俗通》载："槃瓠之后输布一匹，小口二丈，是谓賨布。廪君之巴氏出嫁布八丈，嫁亦賨也，故统谓之賨布。"当时以"賨布"代缴税赋的标准是什么呢？那就是王朝让土家先民成年人每年交賨布一匹，未成年人交二丈賨布是也。从上述史籍记载可知，土家先民的纺织业在秦汉时代已经相当发达，賨布以丝麻为原料，已是土家族服饰的主要面料了。《后汉书·武陵蛮》称土人"好五色衣服""织绩木皮，染以草实"。这种用植物的草实染成的"五色衣服"，表明土家先民从虎皮板的兽衣，进步到纺织衣物，这是历史的跨越。

考古学家认定：这就是当地少数民族织锦的纹饰，实际上就是汉代流行的"賨布"纹饰。这件国家一级文物的出土，见证了2000多年前的土家织锦技艺与青铜铸造工艺水平，对研究汉代军俑服饰意义重大，从某种程度上证明汉高祖刘邦募賨人定三秦，令人习练"巴渝舞"（摆手舞前身），舞者披賨布代替战袍的史实。这种青铜跽座兵俑，是目前考古发现的中国最早的土家织锦文物。它让土家织锦从故纸堆里走出来，以可视、可感的形象立于2000年后的当代人面前。

● 西汉三管配刀跽座铜俑，一级文物，张家界市博物馆藏

唐宋羁縻，土司纳贡，土家服饰的原生态

　　梦回大唐。唐朝是中国封建王朝的鼎盛时期，贞观之治表明唐太宗李世民确为一代英主，开放，包容，自信，国力强盛，大国情怀也引来万邦朝贡。特别应该指出的是，唐朝是中国民族政策执行得十分完美的朝代。何以言之？公元647年，即贞观二十一年，唐太宗第一次提出了"中华民族平等"的伟大政策："自古皆贵中华，贱夷狄，朕独爱之如一。故其种落，皆依朕如父母（《资治通鉴》卷一九八）。""中华"与"夷狄"无贵贱之分，爱之如一，从唐人阎立本《步辇图》（北京故宫博物院藏）、《职贡图》（台北故宫博物院藏）和周昉《蛮夷职贡图》（台北故宫博物院藏）三大国宝级文物，可见中华民族友好和谐的历史关系。在唐朝史籍中，土家先民仍然被称为"南蛮"，朝廷对土家人居住地域实行"羁縻"政策，"溪峒蛮酋归服者，世授刺史，置羁縻县，隶于都督府，为授世职之始"（《来凤县志》卷二十七）。这个政策用八个字概括就是"蛮不出峒，汉不入境"，土司王们在自己的领地里乐得逍遥，每年给皇帝进贡点"溪布"，也就算缴纳"皇纲"了。

● 湖南省永顺县溪州铜柱铭文（局部）

唐史记载"土人善织溪布",因为唐天授二年（691年）设"溪州"（今湘西州一带），溪州产"溪布"，故被汉人称为"溪布"或"峒锦"。当时土家先民居住区域内，溪州产"溪布"，澧州产"绤布"，巴州产"糙葛"，涪州产"僚布"，可见当时土家织锦的发达与繁荣。特别值得一提的是，这些十分精美的丝麻织品，都是土家先民用蜡染织而成，"溪峒模取鼓文以蜡，刻版印布入靛缸，各点蜡幔"，从溪布染色工艺上来看，相比用植物染色已经大大进步了。

宋廷继承唐朝羁縻政策，对土司王多封官荫子，土司王则纳贡服役，中央朝廷与土司王府各乐其乐，各美其美。宋太祖乾德四年（966年），下溪州（今湖南永顺、古丈一带）刺史田思迁向宋廷进贡铜鼓、虎皮、麝脐、溪布。宋真宗咸平三年（1000年），高州（今湖北宣恩县）刺史田彦伊派遣其子进贡方物与兵器。宋真宗咸平四年（1001年），上溪州（今湖南龙山县）刺史彭文庆纳贡水银、虎皮、花布。宋真宗大中祥符五年（1012年），洛浦、磨嵯峒（今湖南保靖一带）首领田仕琼向宋廷进贡溪布若干。湖南永顺溪州彭氏土司自北宋初年便与朝廷保持贡赐关系，其间彭仕羲、彭儒猛因与宋廷矛盾曾经短期绝贡，但以后依然照常纳贡受赐。宋哲宗在位时，知保靖州彭儒武、知渭州彭思聪、知永顺州彭儒同、知龙赐州彭允宗、知监州彭仕明、知古州彭儒崇，都依惯例向宋廷进贡溪布。至南宋孝宗乾道七年（1171年），"辰州之诸蛮与羁縻保靖、南渭、永顺三州接壤，其蛮岁贡溪布"。北宋年间丝织品珍贵到什么程度呢？一匹绢可以换回一口人。据《续资治通鉴》（卷二十三）记载，仅宋真宗咸平五年（1002年），夔州路转运使丁谓以绢一匹换回被掠丁口一人，从四川就赎回丁口万余名，在客观上促进了土家锦工匠的回流与技术的提升。

土司纳贡，朝廷回赐，中央与地方形成了良性互动。北宋年间，朝廷很大方，土司王进贡人数没有限定，回赐也较为丰厚。"贡方物者，人赐彩三匹，盐二十斤；无方物者，人赐彩三匹，盐半；其进上首领，即加赐银两"。从史籍记载看，宋廷回赐给土司王的"彩"回流到土司王领地，无形中影响了土家织锦的色彩与图案系列，实现了民间土家锦与宫廷宋锦的相互交流。因为宋廷的慷慨大方，土司王的朝贡队伍可谓浩浩荡荡，不绝于路。宋真宗大中祥符五年（1012年），溪峒蛮张文裔率八百人进京朝贡，可谓浩浩荡荡；宋仁宗天圣四年（1026年），夔州路溪峒首领田思钦率三百人进京朝贡（蛮已出峒），阵式也不小。他们以少量的土特产品和手工艺品，换回朝廷为数不少的食盐、珍贵的丝绸品、军民共用的服饰，甚至全国通用的金币与银锭，客观上使汉族地区的一些先进产品和生产技术，通过这一渠道传入土家族地区（汉已入境），维护了土司王领地的社会稳定，促进了各民族间的经济与染织技术交流。谁能说土司王愚笨不可及呢？

元明两朝，土司坐大，
土家族服饰在自我封闭中定型发展

　　蒙元帝国在唐宋羁縻政策的基础上，采用"招"与"抚"两手政策，在武陵山土家族聚居区建立了"土司制度"。分而述之，其在今大湘西地区设立永顺安抚司、保静土州、南渭土州、安定土州、柿溪土州及白崖峒长官司、驴迟峒长官司、腊惹峒长官司、麦著黄峒长官司、上桑植长官司和下桑植长官司等；在今鄂西南地区设立惹巴安抚司、师壁安抚司、散毛土府、怀德土府、盘顺土府等；在今渝东南地区，设立了石砫安抚司、酉阳土州、邑梅长官司、平茶长官司、石耶长官司等；在今黔东北地区，设立了思州安抚司等。元朝对土司的官衔、朝贡、义务等都做了初步规定，开土司统治之先河。

　　明王朝在元朝土司设置的基础上，对土司的职官品位、承袭、废置、升降、朝贡、征调规定得更精细更翔实。根据《明史·地理志》记载，从明洪武初年至成化年间（1368—1487年），土家族地区设置有施南宣抚司，下辖东乡五路安抚司、忠路安抚司、忠孝安抚司、金峒安抚司、中峒安抚司5个安抚司，8个长官司；散毛宣抚司，下辖龙潭、大旺2个安抚司，2个长官司；忠建宣抚司，下辖忠峒、高罗2个安抚司，2个长官司；容美宣抚司，下辖5个安抚司；永顺宣慰司，下辖南渭、施溶、上溪3个州，腊惹峒、施溶峒、田家峒、麦著黄峒、驴迟峒、白崖峒6个长官司；保靖宣慰司，下辖五寨、两江口等4个长官司；桑植安抚司，下辖上峒、下峒2个长官司，此外还有酉阳宣抚司和石砫宣抚司。明朝廷分别给土司王授于宣慰使（从三品）、宣抚使（从四品）、安抚使（从五品）和长官（从六品）等梯级官衔，子孙世代承袭，在土汉交界地区设置卫所，重点防守，实现"蛮不出境、汉不入峒"的民族隔离政策，在一定程度上保持了土家服饰布料"溪布"制作工艺和图案的原生态。

各地各峒土司王对元、明两朝土家族服饰的形成与使用起决定性作用。从服饰用料与染色看，《溪蛮丛笑》记载土家人"绩五色线为之，色彩斑斓可观。俗用为被，或作衣裙，或作巾，故又称为溪布"。我们从这段文献记载可以知道，那种被称为"溪布"的布料颜色至少有"五色"之多，又绚又丽，用途时而作为被子（土家语"土花铺盖"），时而作为裙服，时而作为汗巾，广而全。自五代以降，八百年土司统辖，翻开尘封的历史文献，我们会发现奇特的土家族服饰文化：没有性别，男女不分。清乾隆《永顺府志》记载："土司时，男女服饰不分，皆为一式，头裹刺花巾帕，衣裙尽绣花边。"用现代汉语来说，八百年土司时期的土家服饰"不男不女"，头上都裹刺花

的巾帕，身上的衣裙都绣了花边。《来凤县志》记载得更为翔实："男女椎髻，短衣跣足，以花勒额，喜斑斓服色。"这就是历史文献中的土司时代的男女服饰。

史载如斯，那么，出土的服饰文物支撑这一个观点吗？2001年5月，湖南省张家界市永定区子午路旧城改造时，出土一座60岁左右的女墓葬，经中国丝绸博物馆和湖南省文物鉴定委员会专家现场鉴定与检测，此墓为明代墓葬。该墓共出土了衣、裤、裙、垫、鞋、帽饰、裹脚布、盖被、褥等15件民族文物，其中帽饰共3件：一件土布凤头系带棉帽，一件黑色绢面蝶形夹帽围，一件黑色纱裹头巾。衣、裤、裙共5件：衣是一件黄褐色缠枝纹绫交领右衽夹衣；一件蓝色土布交领右衽棉衣；一件蓝色土布交领右衽单衣。裤是一件土黄色大裆棉裤，裙是一件蓝色布百褶夹围裙，是土家族地区目前出土发现的最早的"八幅罗裙"。鞋是一双云头白麻布尖足鞋，证明土家妇女历史上也缠脚；袜是白色土布裹脚布；盖被是黄褐色缠枝纹绫面棉盖被；垫脚是有"北斗七星"的白色棉麻盖被等。凡此种种，表明墓主是明代一户殷实人家的土人老妇，虽非土司王夫人级别的墓葬，但仍然填补了中国土家服饰史的研究空白，具有划时代的学术意义。

那么，明代土司王级别的服饰又有哪些呢？湖南永顺有座老司城，彭氏土司在那里世袭罔替经营了36代，历经五代十国、宋、元、明、清，共计818年。在老司城出土的一只明代镂空蝴蝶纹头金发簪，三层镂空，工艺之精湛，可以媲美汉人皇家头饰。

● 湖南永顺老司城出土的明代镂空蝴蝶纹头金发簪

1981年，湖北省宣恩县城郊猫儿堡施南土司墓地出土一套金凤冠饰件，共29件，是国内目前发现的唯一一套土司夫人金凤冠饰件，也是国家一级文物，堪称恩施州博物馆的镇馆国宝。这组金凤冠饰件中的观音大士慈祥安康，花卉含苞待放，蝴蝶展翅欲飞，工艺精美得不可思议，可知明代时土司王锦衣玉食的奢华生活。

总而言之，八百年土司时期的土家族服饰大致如此：上装无领，对襟布扣，大袖，短衣，袖口刺绣四五寸宽花边，衣边用青、白、粉色绸缎镶边，所谓"五色斑斓"之服也。下装是八幅罗裙，罗裙稍短不过膝，女裙长过小腿，百褶围裙，外加披肩；或者穿又松、又宽、又大的缅裆裤，裤管肥大，裤腿短，吊裤裆，以绳系腰。男人脚穿牛皮钉鞋，或者棕丝编制的草鞋，或者赤足；女人脚穿云头白麻布鞋，包裹腿，缠裹脚，或者赤足，大门不出，二门不迈。其材质以棉、麻、丝为主，土家民族特征十分明显，可以极大地丰富中国服饰宝库。

● 湖北省宣恩县施南土司墓地出土的土司夫人金凤冠饰件

清廷改土归流，流民麇至，
土家服饰在开放环境中保持本真

　　土家族服饰发展史上有一个划时代的历史事件，那就是清雍正五年（1727年）至雍正十三年（1735年）的"改土归流"。时任湖北总督迈柱采取大军压境、恩威并用的办法（唯容美土司稍用其兵），基本上是和平地实现了"改土归流"。细述之，雍正五年（1727年），在南渭州、施溶州、田家峒长官司等地设置永顺县；在上溪州、百岩峒长官司等地设置龙山县；在原保靖宣慰司辖地及五寨长官司设置保靖县。雍正七年（1729年），在桑植宣慰司地置桑植县。上述诸县又新置永顺府。雍正七年，在竿子坪长官司设置凤凰直隶厅，在施南宣抚司、忠孝安抚司辖地设置恩施县，在忠路安抚司辖地设置利川县。雍正十年（1732年），在金峒安抚司、龙潭安抚司、唐崖长官司辖地设置咸丰县。雍正十三年（1735年），在忠建宣抚司、木册长官司和镇南长官司辖地设置宣恩县，在散毛宣抚司、腊壁长官司辖地设置来凤县。上述诸县新置施南府。骄蛮的土皇帝碰上更有权、更有势、更任性的雍正大帝，沿袭八百余年的土司制度也就寿终正寝了。

"改土归流"彻底打破了土家族地区的宁静，大小土司王大权旁落，被调往遥远的汉地担任无关紧要的次官，而汉人流官在土司王辖地执掌军政大权任主官，使得汉地"流民麋至"，"鱼鳖尽焉，禽兽逃焉，入山射猎，临渊捕鱼，不可复得也"，而土家民族服饰也就"渐与汉同"了。

　　清代完整记录永顺、保靖土人服饰的文献是乾隆年间《皇清职贡图》，永顺保靖等处土人土妇"其地山多田少，刀耕火种。男花布裹头，足著草履。女椎髻向后，衣裙俱短，婚礼以一牛馈女之外家，谓之'骨种钱'。妇勤于纺织土绫土布，民间亦多资之赋税，各邑折征秋粮，

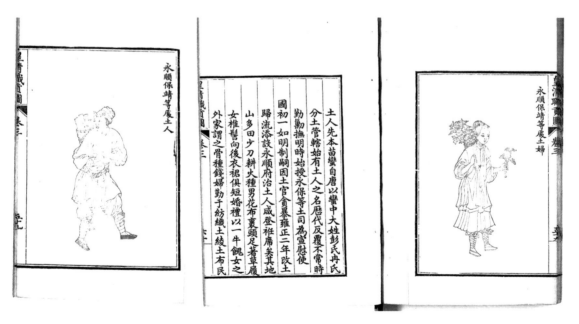

● 乾隆年间《皇清职贡图》中关于永顺保靖土人的描述

自数十两至数百两不等"。从这些记载看,乾隆朝的土人男子"花布裹头,足著草履",土人女子"椎髻向后,衣裙俱短",而且"勤于纺织土绫土布",并且"资之赋税","折征秋粮"。土绫土布之功用,可谓大焉!

从土人"男女不分"到"渐与汉同",实际上有一个流官政府大力推动的过程。关于"示禁白布包头",雍正七年(1729年),保靖知县王钦命发布告示称:"保靖男妇人等,头上皆包白布,宴会往来,毫不知非。夫白布乃孝服之用,岂可恒居披戴?合行严禁。为此示仰居民人等知悉:嗣后除孝服之家应用白布外,凡尔男妇人等,概不许用。若冬日御寒,以及田桑之际,或用黑蓝诸色"。(清同治《保靖县志·详异志》)从色彩美学的角度看,在流官王钦命1729年主政保靖以前,土人男女是以白布缠头为美、为时尚的,而王知县颁布告示以"黑蓝诸色"衣服为美、为时尚了。王知县是清廷中央政府特命大臣,土人男女,岂敢不从?

还是这个流官王钦命知县,雍正七年还颁布过一个关于"示禁短衣赤足"的告示。该告示云:"保邑代隶土司,是以居民多有不知礼节,惟服色一项,更属鄙陋,不拘男妇,概系短衣赤足,恬不为羞。今蒙皇恩改土归流,凡一切有关民俗事,宜相应兴举。示后,限一年,依照汉人服色,男子戴红帽,穿袍褂,着鞋袜;妇人穿长衣、长裙,不许赤足，岂不有礼有仪？体统观瞻，倘有不遵者，即系犬羊苗稞，不得与吾民同登一道之盛矣。"正是这个流官王钦命知县，将土人男女服依汉人服饰分开："男子戴红帽，穿袍褂，着鞋袜；妇人穿长衣、长裙，不许赤足。"他重新确定了土人男女服的审美标准，土人男女，岂敢不从？

湘西保靖改土归流后如此，那么湘西永顺府又如何呢？乾隆《永顺府志·檄示》（卷十一）记载，永顺土人"宜俱命剃头也。查其飞、良、先、正四旗接壤苗边，其间不剃头者，十之六七。只因从前屡受苗害，是以土司令其蓄发，与苗往来，以通线索。近闻此辈每假充苗人，肆行不法，今既改流，似此假苗，应一例剃头，使不法之徒难假借为匪"。从这则政府告示可以知道，在改土归流前，永顺土人蓄长发。只是政府以土人蓄长发类似苗人，强迫土人剃发了。笔者认为，这是对永顺土人之中的老百姓而言，对流官们来说，他们还是要遵大清律制：蓄发辫，戴官服，坐官轿，骑官马。地方政府强力执行清廷律令，土家人服饰自雍正年后"渐与汉同"，也就不足为怪了。

但土家织锦作为土家民族服饰的主要材料，在强大的流官政府的挤压下，仍然顽强地存活下来。自乾隆以后，文献记载如此丰富。清嘉庆《龙山县志·风俗》（卷七）记载："土妇善织锦……其丝并家出，树桑饲养皆有术。"这表明嘉庆时龙山县土家织锦的用料主要是家养的

蚕丝。"土妇善织锦、裙、被之属，或经纬皆丝，或丝经棉纬，挑刺花纹，斑斓五色，虽较永保二邑稍逊，然丝皆家出，树桑饲蚕。故有土布、土绢、峒巾，皆细致可观。机床低而小，布绢阔不盈尺"。从这段记载可知，嘉庆年间，龙山土家锦也开始用"棉"作纬线了。那是因为英国、日本进口的洋货棉纱也开始输入到土家族地区，开始对土家人自养自制的蚕丝形成强大的商业竞争。土家人自产的土靛、黄蜡、白蜡，由于德国、日本快艇与洋蜡的输入，市场也日益萎缩。

自清嘉庆至同治，在土家人集中的保靖县，同治《保靖县志·民风》记载："男勤于耕，女勤于织，户多机声。"同治《保靖县志·女功》记载得更为详尽："粗者，绩麻织线，或织手巾花被。细者，绣鸟挑花，或挑绣小儿衣裤。"这段文献也说明在清同治年间，保靖土锦也以自养蚕丝为主料，辅以进口洋纱，而保靖土布主要以麻为料，制作成手巾、花被和小儿衣裤。应该说，随着"改土归流"后，土司大门的打开，土家人自给自足的生产方式被打破了，土家锦或土布的用料也丰富了，土家族服饰的图案与款式也增加了。这也说明土家族是一个开放与包容的民族，对新生事物有天然的吸附力与适应力，这也是土家族立于世界民族之林的重要原因。

第二章

土家族
服饰图纹的
美学解析

前文已经梳理了土家族服饰延续四千余年的漫长历史，现在，我们要重点解析土家族服饰图纹的美学特征了。土家族服饰图纹是土家民族工匠精神的外化表现，蕴含了土家民族延续千年的美学追求，同时，也是土家族对中华民族服饰宝库的伟大贡献，在中国服饰研究史上具有重要的艺术价值。

民国以来土家服饰图纹的
民俗学造型

　　历史像一条川流不息的河，逝者如斯夫。在清初"改土归流"时代大潮中不革"陋习"就要坐牢或杀头的地方政令下，土人们再也不"编发"或"椎髻"了，而是剃成光头，用青头帕包成"人字形"。土家男人们自清乾隆后，再也不穿"八幅罗裙"了，而是改穿肥肥大大的"缅裆裤"，上穿对襟"蜈蚣扣"的青布衫，有时系一长布腰带，腰间插一根竹烟竿，挂一个火镰。其上山打猎时，挂一只装火药或铁砂的牛角；上山砍柴或薅草时，则插一柄寒光闪闪的大砍刀。脚上时为草鞋，时为棕丝鞋，时为布鞋，时为胶鞋，赤足的人也越来越少了。现代社会则是穿着应时应季的时装，如夹克、西服、皮鞋、旅游鞋和运动鞋等。

　　土家女人们的裙装已从"八幅罗裙"演变成"简裙"和"百褶裙"了。衣装已从左开襟一种演变成右开襟、三股筋和银钩矮立领三种，现代社会当然还有各种应时应季的时装、T恤衫、裙服。土家女人们的头饰也更加多元化，头插金花、银凤、别簪，有山歌为证："阿妹头发二丈八，梳个盘龙插枝花。"不仅头上插花别簪，而且耳朵上还穿耳孔，吊瓜子，吊金银灯笼，吊龙凤双环；不仅颈上佩戴项圈或项链，而且手上还戴金戒指、玉镯子或钻石戒指，胸前挂银铃、银牌、银珠子，银光闪闪，银铃声清亮，像花蝴蝶一样游荡飞翔在武陵山的田野中、山林里、坪坝间，吊脚楼上的"美人靠"边，堪称武陵山区靓丽的人文风景线。这是从性别上研究土家男女服饰的差异性特征，相对于"改土归流"前的"不分男女"，是极大的历史进步。

民国时代（1912—1949年），在大湘西地带（包括湘西、湘西北、湘西南24个县市），土家妇女中流行麻棉布料右衽上衣。湘西土家族苗族自治州博物馆馆藏天蓝布镶青布花边右衽女上衣，颜色沉稳，造型朴实，应是民国中年妇女家居装。红呢右衽露水衣，袖和领口镶青布边，色彩红艳，造型活泼，透出喜庆风格，为土家新娘所用，故名"露水衣"。

恩施州博物馆藏褐布镶灰蓝边右衽女上衣，色彩暗沉，造型简洁，应是民国老年妇女家居装；粉白布镶蓝黑花边右衽女上衣，袖口绣有栩栩如生的仙鹤与蟠桃，色彩鲜艳，造型灵动，充满青春气息，应是民国少女家居装。

湖北省长阳县博物馆藏紫色布镶白色花边对襟上衣，白边外再镶黑色梅花暗纹花边，蜈蚣布扣，色彩层次丰

富，色系沉着稳重，是民族类博物馆藏量极少的民国时期中年土家男上装。难能可贵的是，该男上装还配有一条白布黑边蓝腰锈花"缅裆裤"，裤管短而粗，裤裆肥而大，这类裤装在土家族地区几乎失传。

湘西土家族苗族自治州博物馆馆藏民国白布挑四凤双虾纹右衽女童衣，袖口与领口镶宽青布边，白底色因为时间流逝变成灰黄色，但双虾纹饰栩栩如生，四凤纹饰则抽象灵动，特别是背面的双狮纹，萌态百出，宝塔形人鸟纹生动传神，童稚可爱。民国白土布挑蝴蝶花镶青布云勾边对襟男童衣，正面四只"蝴蝶"展翅欲飞，白土布在岁月中发黄发灰，但对襟处的云勾纹镶黑边，颜色对比强烈生动。背面两只"蝴蝶"托起团花纹，对称、稳重，也童趣盎然。这非常符合童衣的身份与年龄，体现了土家人民的智慧。

自民国以降，土家族儿童头饰，也是值得大书一笔的，因为土家儿童头饰，体现了土家人的民俗文化与宗教信仰，特别是父母及长辈对土家儿童浓厚的爱。从成长的时段看，刚刚满月的婴儿，聪明的土家父母多缝制"金瓜小帽"戴在头上，那是因为土家生育习俗认为，初生婴儿必须保护住"气门"。从春、夏、秋、冬四季来看，一岁左右的婴幼儿，春天要戴"紫金冠"，夏天要戴"冬瓜圈"，秋天要戴"尖纱帽"，冬天要戴"虎头帽"。虎头帽是土家人白虎崇拜的遗俗，让人想起秦昭襄王时期射白虎的土家先民廖仲。这种虎头帽童趣盎然，左右两侧各有一形似虎身的帽耳，帽正中绣一个大大的"王"字，象征老虎是山中之王，男孩可以继承先辈射虎的刚勇与土司王们的王者之气。受汉地传来佛教文化的影响，虎头帽前沿常缀用银子打制的"十八罗汉"，寓意菩萨保佑新生儿健康平安。虎头帽后沿常缀繁体字的"福、禄、寿、喜"，那是父母及长辈永恒的祝愿。虎头帽两侧或后尾部悬吊银铃，银铃清脆，极易引起新生儿的玩心。颈脖处戴银项圈，圈上系银链，银链上又挂"同心锁"或"如意牌"，上面又刻上"长命百岁"之类吉祥的祝福，那是深受汉民族文化影响的痕迹。当然，这只是大户人家的孩童，寻常人家的孩童，也有在帽沿上插饰公鸡毛或鸟羽的，或者在颈上围一个小藤圈的，自然是另一种天然之趣。

西兰卡普图纹美的历史溯源

从表面上看，土家服饰与土家织锦内涵与外延都不同，是两个不同的审美对象。土家织锦是"高大上"的"阳春白雪"，历史上是土司王上贡朝廷的贡品，是可以抵扣税赋的高端织物。而土家服饰，则是"矮矬穷"的"下里巴人"，是黎民百姓的日常用品，只是可以保温遮体的低端织物。其实不然，土家织锦与土家服饰在一定范围内是可以美美与共的。何以言之？

在中国土家织锦之乡——龙山县，流传着这样一首民谣："婴幼儿时盖织锦，长大懂事织织锦。结婚陪嫁选织锦，夫妻恩爱伴织锦。舍巴摆手披织锦，敬祭先祖供织锦。当了外婆送织锦，人生去世葬织锦，火把节后接织锦。"从这首民谣中，我们知道土家织锦贯穿着土家人人生历程的始与终，在土家人的日常生活中有不可或缺的作用，也是土家服饰文化非常重要的组成部分。

"西兰卡普"是土家语的译音，意为"土花铺盖"，现在代指"土家织锦"。关于土家织锦，有一个很凄美的传说。相传很久以前，湖南西北部酉水河流域，有一座古老的土家山寨，山寨里有一位天仙一样美丽的土家姑娘西兰，她能把天上的彩虹云霞，大森林中活跃的千禽百兽，溪谷中野蛮生长的野草和百花，都织进她的花布里去。山寨里有一种神奇的白果花，寅时开，卯时谢，美在一瞬间，爱美如命的西兰姑娘每天半夜都跑到白果树下，看神奇的白果花静静地绽放，听神奇的白果花瓣飘落地上的声音，向挺拔如帅哥的白果树倾诉少女的心事。西兰有个毒蛇心肠的嫂子，嫉妒西兰惊世的美丽与无双的手艺，就在土司王面前说西兰每天夜里跑到白果树下幽会野男人。土司王心生疑窦，一天夜里，他跟踪西兰到寨外的白果树下，惊奇地发现月夜下的白果树摇身变成了一个高、富、帅的土家小伙子，自称"卡普"，正与美丽动人的西兰姑娘在鸟鸣虫吃中互诉衷肠。土司王一下子气血冲顶，恶从胆边来，挥着大砍刀，砍倒了亦神亦幻的白果树。伤心欲绝的西兰姑娘立刻跳下了悬崖，化为一只美丽的小鸟，飞翔在山寨吊脚楼的堂前屋后，凄婉地叫着"哥哥苦，哥哥苦"。这种小鸟在大湘西民间叫"阳雀儿"，后来幻化成土家织锦"阳雀花"中形态优美而造型独特的鸟形纹。土家人为了纪念这个殉情的土家织女，世世代代把她织出的锦缝合在一起，作为被面盖在身上，称为"土花铺盖"，西兰也就成为土家人心目中美如天仙的织造女神。

民间传说来自民间，在学术上必须有实物支撑。从考古发掘来看，土家织锦图纹与宫廷蜀锦的渊源也非常深

厚，将长沙左家塘战国楚墓出土的褐地矩纹锦与土家织锦的"小龙花"相对比，就可发现土家锦几何纹的渊源。湖北江陵马山一号楚墓出土的战国塔形几何纹锦与土家锦"台台花"纹饰中的虎头纹相对比，又可发现土家锦中菱形纹的渊源。战国时期菱格六边形纹绦与土家锦中的猫脚迹、虎脚迹几乎一模一样，为什么？因为土家先民生活在湘、鄂、渝、黔边区，在战国时代处于巴蜀文化、楚巫文化的夹层地带，在文化的碰撞中不可避免地要受两种强势文化的强力影响。据土家织锦史专家汪为义先生研究：湖南长沙马王堆西汉墓出土的"杯纹绮""杯纹罗"与湖南民族织锦中相当一部分菱形构架纹饰相通。马王堆西汉墓出土的一件几何填花对鸟纹绮，其杯纹构架四六连续，其间填入一对回顾式的鸾鸟纹，加一组对称形花草纹。其形制又与侗锦的菱形对鸟凤纹、土家锦的双凤纹纹理相通。唐代的龟甲王子纹锦，其六边梭形与土家锦的粑粑架、梭子花等系列纹饰相通……南宋时期的几何纹矩纹纱，其"工"字形斜向连续排列与现今土家锦中的"万"字流水纹大同小异，只是在"工"字的交扣处变成了"万"字纹的连锦不断。宋代的"八答晕锦"之中方形、八边形套连的架构组合，却在湘西牛肚被苗锦中的棋盘花，土家锦的桌子花、箱子八勾等纹样中得到对应。清代云形几何纹锦与土家锦中最难织造的椅子花构架相似，呈现出工整、繁复、细密的整体面貌。（《湖湘织锦》第76页，汪为义、田顺新、田大年著，湖南美术出版社，2008年版）将考

古发掘的文物或历代宫廷藏织锦与土家织锦图纹进行比
对，我们会发现土家织锦的形式美与宫廷织锦源远流长，
是有源之水，是有土之木，不仅仅停留在浪漫玄虚的民间
传说。

　　土家锦历史图纹中的美学离不开历史上的材料美学。
我们知道，"锦"这个概念在遥远的西周就出现了，那时
对"锦"的理解是用两种以上的彩色丝线提花的多重织
物。但那时的"锦"是何地的锦，用的是何地的何种材
质？却没有明确的文献记载，更没有考古发现的实物作
证，但非常可能是"丝"，暂且存疑。但那时，土家先民
还不可能以丝织锦。至少在战国早期，土家先民还是以虎
皮为衣板的，故有"板楯蛮"之称谓。中国服饰史上非常
重要的材质"棉"大量出现应该是宋代。在宋代之前，将
历史文献中多次记载的"賨布"或"兰干细布"，与中国
四大历史名锦——蜀锦、宋锦、云锦和壮锦所用材质相比
较，我们可以推断为土家锦前身的材质主要有两种：一种
为"丝"，土家先民聚居区地理气候条件适应种桑养蚕，
另外丝也可以通过贸易渠道进入土家人聚居区；一种为
"麻"，麻在土家先民原住区种植相当普遍，自然地理条
件非常适用于麻的生长。据此推测，"丝"这种材质的賨
布或兰干细布主要是贵族们用，或上贡朝廷用；而"麻"
这种材质的賨布或兰干细布，主要是平头百姓用。从材料
美学的角度看，丝织锦光滑、轻巧、细柔，而麻织锦则粗

砺、厚重、坚硬。至于是否有丝麻混织的賨布或兰干细布，因史料缺乏就不得而知了。而宋之后史书所载辰州、溪州诸蛮"岁贡溪布"，究竟是只停留在一种平纹织绣的、精工的兰干细布，或彩线提花的经棉工艺织品，或是湘西南地区民间织造的"家机土布""家机色格布"，或是通纬素色提花的、原始纬花的素纹织锦呢？这也只能推测一下是丝、麻、棉混织的土家锦了。从材料美学分析，这类棉丝混织土家锦应该是柔滑的、轻柔的、保暖的、美艳的，当然也是昂贵的。

竹枝词歌的土家织锦图纹美学

历史上，土家先民生活在楚国与蜀国两个大国之间，楚俗信巫鬼，重人祠，所谓"淫词俚语"，经大文豪屈原再创作，就是流传千古的《楚辞》与《离骚》；而沉落民间，就是土家人传唱千年的民歌了。楚文化基因裂变为土家文化基因主因之一，早在宋代就被大诗人欧阳修洞若观火了。有诗为证："楚俗岁时多杂鬼，蛮乡言语不通华。游女髻椎风俗古，野巫歌舞岁丰年。"土家人说土家语，自然是言语不通汉的；土家女人椎髻，自然也是古风飘飘的。楚人的崇火尚赤深深地影响了土家服饰文化中的火神崇拜与太阳神崇拜。楚人的凤鸟图腾也深深地影响了土家服饰文化中的凤鸟崇拜，土家摆手舞中就绣有龙凤的旗帜，在没有"王化"的土司王的服饰中，也偶有龙凤的图案，只是山高皇帝远，没被历代中央王朝以僭越治罪杀头罢了。

楚巫文化基因深深地影响着土家族的服饰文化，此仅其一也。华夏汉文化基因对土家族服饰文化的影响同样不可小觑。我们暂且不说巴人竹枝词如何受大唐帝国曾经旅居过巴地或谪居过巴郡的大诗人白居易、刘禹锡、顾况、

李涉、孙兴宪等人之影响，仅举谪居过巴郡的大诗人刘禹锡一人为例，《旧唐书》卷一六O载："蛮俗好巫，以教巫祝。故武陵溪峒间夷歌，率多（禹）锡之辞也。"武陵蛮是好巫风的，是爱唱歌的，所唱的歌中，甚至有大诗人刘禹锡流传千古的《竹枝词二首·其二》："楚水巴山江雨多，巴人能唱本乡歌。今朝北客思归去，回入纥那披绿罗。"这首竹枝词，描绘了巴人唱着歌在江雨中披着绿色的绮罗大跳摆手舞的诗意画面。"绿色的绮罗"应是植物染色的土家锦的前身——溪布。竹枝词从唐代刘禹锡那里一脉相承下来，清代诗人何晓甫《竹枝词》云："无愁女儿已垂髫，结伴机窗织锦絛。忽报深山峒菌长，背笼同过自生桥。""溪州女儿最聪明，描锦抽丝最有名。凤采牡丹不为巧，八团芍药花盈盈。"从这两首竹枝词可以看出土家少女垂髫织锦，所织之锦，已有"凤采牡丹"和"八团芍药"图纹了，何其美艳。特别有名的是，清代土家诗人描绘了溪州土司改土归流前土皇帝一般的奢华生活："福石城中锦作窝，土王宫畔水生波。红灯万点人千叠，一片缠绵摆手歌。"彭氏土司王居然在土王宫里以"锦作窝"，何其奢华?

现代土家民歌唱土家织锦，就更多、更直白、更传神了。有民歌为证："看姐眼睛亮晶晶，十根眉毛空九根。西兰卡普织得好，花能开来鸟能鸣，西兰转世坐红尘。"中国土家织锦之乡龙山县民歌云："二月满树桃花开，幺妹织花上楼台。桃花虽然开得美，哪有土花织得乖？""八月丹桂满园香，妹妹楼上织花忙。丹桂虽然香得远，哪有土花香得长？"湖南龙山县已故黎直义先生更是以土家织锦花纹名称新填竹枝词，如《椅子花》："土家大姐爱风流，巧织西兰转角楼。窗外一声阳雀叫，春思万缕伴郎游。"又如《韭菜花》："韭菜开花细绒绒，有意恋郎不怕穷。只要二人情义好，画眉胜过绵鸡笼。"再如《船船儿花》："不识务相谁领头，土船竞坐看沉浮。禀君浮水人尊仰，故领祖先西向游。"这些来自乡野的民歌，从一个侧面勾勒出了土家织绵图纹的部分美学特征：来源于自然界的飞鸟与百花，以及土家族的历史人物与民间传说。

现当代土家织锦中的类型
学解析

● 猫脚迹纹织锦

根据中国艺术研究院最新研究成果，土家族织锦传统图案有250种之多，可谓种类繁复，琳琅满目，是中国织锦大家族中独秀的那一枝。根据湖南省工艺美术馆高级工程师汪为义先生研究成果，结合笔者在策划"西兰卡普——中国土家族织锦文化展"过程中的研究总结，将土家织锦图纹的美学类型与美学特征，做一个粗线条的梳理与简单的评述。

第一类土家织锦纹饰就是大自然中的动物类，包括飞禽、走兽、鱼蟹、虾虫、蛇鼠，代表大自然中运动的精灵。举例证之，有阳雀花、小兽花、大兽花、小蛇花、大蛇花、大龙花、小龙花、虎脚迹、猫脚迹、狗脚迹、猴子手、大狗牙齿、小狗牙齿、大龙牙齿、小龙牙齿、燕子尾、燕子花、蟋蟀花、螃蟹花、牛眼花、蜘蛛花、虎皮花、鹭鸶踩莲花、台台花、秧鸡花、龙凤花、凤凰花、泥鳅串、珍兽图、狮子滚绣球、喜鹊闹梅、鸳鸯戏荷、鲤鱼跳龙门、麒麟送子、蝴蝶花、蝴蝶牡丹花、野鹿含花、鱼龙花、实毕花、天鹅花、猫头鹰花、山蜂花、鱼鸟同乐、鸭浮水等40余种。这些土家织锦纹饰从题材上分析，以生活在武陵山区的动物为主要纹饰品类，同时，又受汉族审美文化的影响，一些汉民族的图腾物如龙、凤、麒麟等，也进入土家织锦纹饰宝库中。这充分表明土家族是一个兼容并包的民族，审美标准也是多元的。

"实毕"系土家语，汉语意思为"小动物"，是武陵山区自由自在生活的精灵。小动物们超萌的形态，稚气的脚印或皮张花纹的局部，也是土家山里人熟悉的原生态形象，因此土家锦中多有猫、狗、虎等多种脚迹表现，也常见小猫、小狗、小虎、小猴超萌的艺术形象。猴子手就是土家锦挡头纹运用最多的一种平纹几何纹，以山野中猴子的足印取名。燕子尾则以纬向三角形的伸展，象征燕子尾飞行的图形。阳雀花是土家锦中独特的鸟型纹，也是最具代表性的动物类纹样之一。在土家姑娘心中，阳雀花就是织锦女神"西兰"的化身，既象征"亲情之鸟"，也象征生死不渝的爱情之鸟。阳雀鸟在汉语中称"杜鹃鸟"。每当春回大地，鸟语花香，阳雀"归归儿阳"的啼声透过春色染绿的山林传遍村村寨寨，所以阳雀鸟又被称为"报春天使"，被土家人视为"吉祥之鸟"。阳雀鸟的造型

稚拙可爱，承展翅欲飞之状，设色多彩而华丽，在大块底色衬托下，花纹明艳而灵动，充满着春天的气息。

台台花的主体纹形似虎头，专用于小孩童的盖被，这不仅反映了他们历史上的生活环境，也体现了土家人背小孩外出，用盖被保护小孩防范野兽伤害的辟邪观念。白虎是恩施一带土家族的图腾，湘西一带的土家族却"赶白虎"，土家人对呼啸山林的群兽之王表现出敬畏之心，并将其作为英雄崇拜，体现了深层次的图腾崇拜，是土家族原始宗教观念的外化。

● 阳雀花织锦

第二类土家织锦纹饰就是大自然中的植物类。武陵山区号称"中国植物基因宝库"，植物品种成千上万，万紫千红，千奇百怪，为土家织女们提供了异常丰富的创作题材。举例证之，有桫椤树、桫椤丫、四朵梅、九朵梅、蕉山梅、麻叶花、麻阳花、大白梅、小白梅、葫芦花、六荞花、藤藤儿花、大莲蓬花、小莲蓬花、莲花、大刺花、八角香、中字八角香、灯笼八角香、大八瓣花、小八瓣花、金瓜花、牡丹花、玫瑰花、月月红、石榴花、盘盘儿菊花、龙船苞花、狗骨头花、峨眉花、丝瓜花、金银花、吊灯花、橙子花、玉米花、金穗花、牵牛花、倒勾藤花、卡提花、海棠花、韭菜花、棉花花、白果花等40余种。这些土家织锦纹饰，绝大多数以武陵山区土生土长的花草植物为审美题材，经过土家织女"外师造化，中得心源"，才编织出如此美艳绝世的土家织锦。

● 八瓣花纹织锦

● 玫瑰花织锦

第三类土家织锦纹饰就是社会生活中的人物类。人，也只有人，才是地球的主宰，才是大自然的精灵。土家织锦人物纹饰众多，可以说一个人物纹饰一个面貌，很难归纳总结，只能例举代表性作品以证明之。传统人物纹饰有十字挑花手帕《迎新》《县官过桥》《一品当朝图》《稻草人》《人马纹》《迎亲出嫁》等，新人物纹饰有壁挂《湘面行》（汪为义设计，彭二妹织造）、壁挂《毕兹卡人》（单海鹰设计）、壁挂《魅力湘面》（田大年、殷小林、顾雪源设计）、壁挂《母子情》和《苗女》（田大年设计），特别是170万张家界人民献给十九大的礼物《武陵小康》（长465厘米×宽160厘米），由郭天保策划，汪为义、丁世举设计意匠图，近百名土家织女历时5个多月织造，共调制30余种丝光棉线，配制132712个微小色块，现代奔小康的土家阿哥阿妹，跳茅古斯的土家人，跳摆手舞的土家人，张家界的地标天门山，张家界的母亲河澧水，澧水旁崛起的张家界市容，穿山而过的高铁与高速，都已成为《武陵小康》的文化符号。《武陵小康》作为重点展品在中国

● 迎亲纹织锦

民族博物馆和中国妇女儿童博物馆联合举办的"西兰卡普——中国土家族织锦文化展"首展后，已永久入藏中国民族博物馆。这类土家织锦人物纹饰，因主题不同，场景不同，人物形态不同，难度系数最高，因而也没有固定模式，大多凭织女根据意匠设计图临场织作发挥。从接受美学角度看，土家织锦人物纹饰美源于生活，又高于生活，一千个人，就有一千个哈姆雷特！

● 龙人纹织锦

第四类土家织锦纹饰就是山川与人文胜景。土家人聚居的武陵山区，山是"凝固的画"，水是"移动的诗"，云是"飘渺的梦"。山有张家界、天门山、五雷山、梵净山；水有澧水、清江、酉水、沱江、沅江、猛洞河、阿蓬江；云有八大公山的云、梵净山的云、小南海的云和武落钟离山的云。土家织女移步换景，武陵胜景入锦来。巨幅土家锦壁挂《武陵胜境》（1990年织造，汪为义设计，刘艳、程运英等数十人织造，170平方米，现藏长沙火车站），气势磅礴，雄浑壮丽，是武陵山自然

● 《里耶古镇》（长360厘米×宽120厘米）再现了千年古镇里耶的历史文化风貌，是土家织锦中人文景观的代表作品。

风光的代表作。北京人民大会堂土家织锦巨幅壁挂《岳阳楼》（1987年织造，汪为义设计，刘代娥、叶菊秀等数十人织造，20平方米），让"下里巴人"的民间土家织锦步入现代神圣的庙堂，何其雄哉！《印象清江》则织绘了清江两岸原生态的风光，有容美土司《竹枝词》的诗意。这类土家织锦中的山川胜景纹饰，类似于中国画中的山水画，写其形，表其意，传其神，可远观之，也可卧游之，艺术品中一奇葩也。

● 《天门山》织锦壁挂

第五类土家织锦纹饰就是生产生活用品类。这类纹饰来自土家织女的日常生活，因而品种极为丰富，形态极为生动，充分佐证了车尔尼雪夫斯基"美是生活"的著名论断。用现在的时尚用语说，这些都是有温度、有情怀的土家织锦纹饰。举例证之，有船船儿花、麻阳花、龙船花、椅子花、桌子花、豆腐架花、神龛花、梭子花、粑粑架花、棋盘花、桶桶儿盖花、桶桶儿花、大秤钩花、背笼花、大玉章盖儿花、小玉章盖儿花、土王一颗印花、土王五颗印花、八角香花、窗格子花、磨盘子花、茶盘子花、大衣板儿花、小衣板儿花、金锁花、钥匙花、打杵花、灯笼花、凉亭花、贡布花、锯齿花、鸡盒子花等30余种。这类生产生活用具纹饰入锦，进一步说明土家织绵是非常接地气的民间织锦，是满足人们美好生活愿望的织锦，是老百姓日用的、低调的、轻奢的织锦。

"神龛花"取材于土家民居吊脚楼堂屋正中均有的神龛，上挂"天地君亲师位"，是土家神灵居住的地方，这也是土家人宗教思维在土家织锦中的形象表现。

● 神龛花纹织锦

● 梭子花纹织锦

"拖比八勾"又称"箱子八勾",因为形似民间竹编皮箱纹理而得名。"椅子花"是对富家官人座椅上的木雕纹进行移形后创织。"岩墙花"得名于山区最常见的以岩石砌墙的花纹。

第六类土家织锦纹饰就是汉字吉祥用语类。土家人只有西南官话记音的语言，但没有独立的民族文字。早在唐宋时期，就有文献记载土司子弟在汉人办的书院接受汉文科举教育，甚至有多人被开科取士，考上秀才或举人。因而，从土司子弟到平头百姓土家织女，对象形文字汉字和汉人吉祥用语是非常熟悉的，他们甚至具备书法家的基本素养，对织锦布局、谋篇、间架、运经织纬等深有书法家的心得。举例证之，汉字如万字格、寿字花、田字花、丁字花、十字花、工字花、王字花、富字花、禄字花、寿字花、喜字花等，在土家织锦图纹中就多有体现。这是汉土两大民族千年文化交流、互鉴的结果。此外，汉人在日常生活中喜用吉祥用语，与汉族交往密切的土家人也是拿来主义者，在日常生活中曾经亦步亦趋。举例证之，如长命富贵花、双喜临门花、一品当朝花、双凤朝阳花、龙凤呈祥花、祥云腾龙花、四凤抬印花、喜鹊闹梅花、一品状元花等，凡此30余种，充分反映了土家人近似于汉人的审美心理，也能烛照土家人的审美价值观。

● 鹭鸶踩莲具有一种象征意义，鹭鸶与莲花相配之图样，寓意科举仕途一帆风顺。这与始于隋唐的科举考试密切相关。土家先民非常重视科举考试。唐高宗武德初年，庸州蛮酋子弟田宗显就得以入大唐帝国的汉学，参加科举考试入中探花，成为历史美谈。代代传承，众多士子科考求取功名，特别喜爱"一路连科"题材之装饰品，因为连续考中谓之"连科"，期盼仕途顺遂、前途光明。"鹭"与"路"同音。"莲"与"连"同音。芦苇之"芦"与"路"谐音。芦苇生长，都是在沼泽地里一棵一棵连成片，谐音取意"连科"。这种科考生活表现在土家织锦里，就是著名的人文织锦"鹭鸶踩莲"了。

● 鹭鸶踩莲纹织锦

● 蝴蝶牡丹纹织锦

第七类土家织锦纹饰就是几何图形类。几何学作为一门数学科学，在康熙时代才被列入国家教育体系。这要感谢郎世宁、毕若望等来自意大利的传教士，让雄才大略的康熙大帝懂得除了四书五经外，世界上还有一门显学，即数学。但土家先民对几何勾纹的朴素认识，是远远早于康熙大帝的。他们只是在日常生活中运用几何勾纹，而没有把"几何勾纹"上升到"几何学"的高度上来。举例证之，土家织锦最难、最美的是几何勾纹中的七十四勾和四十八勾，其次是二十四勾、双十二勾、单十二勾，最后才是单八勾、双八勾、箱子八勾、盘子八勾、花瓶八勾。其他如菱形、三角形、正方形、平行四边形、梯形纹饰在土家织锦中也常有体现，但用得最多的就是圆形，因为圆形勾纹在织锦布局谋篇中最易实现。所以说，土家织女朴素的几何思维，是在唐宋时代就可能萌芽了的。或者比唐宋时代更早一些？史籍无载，只能推测。

● 单八勾纹织锦

　　勾纹是土家锦有别于其他民族织锦的一个重要特征，传统勾纹系列有单双八勾、十二勾、二十四勾、四十八勾、七十四勾等系列，每一勾纹都因配色不同而形态各异，变化更是丰富多彩。二十四勾中心，为单八勾加外围的十六勾，合称为二十四勾。四十八勾从中心扩散，边勾层层，套连换色，以龙牙齿、狗牙齿和锯齿纹多层走边，形成之字形折直线骨架。此外，大小秤钩纹，金勾莲、蕉山梅也都有勾纹元素。四十八勾是土家织锦难度系数非常高的勾纹，已成为衡量土家织女技艺的十分重要的标尺。

● 四十八勾纹织锦

第八类土家织锦纹饰就是日月天象类。天清气朗，月白风清，日月星辰，皆入土家织锦中来，用浪漫一点的说法，就是扯下一片云彩，搞下一颗星星，请下一个月亮，供奉一个太阳，让它们都为土家织锦增光添彩。举例证之，日月天象纹饰表现在土家族地区非常流行的太阳花、半边月亮花、全月花、满天星花、云勾纹、水波纹、风卷纹、海浪纹、小岩墙花、大岩墙花、山宝宝花等数十种。这些日月天象积天地之浩然之气，传佛道之精神，表人性之真善，既是土家人民对自然界的感性认识，也是土家人民审美思想的升华。

总之，土家织锦纹饰的品类是多元的，图案是丰满的，色彩是靓丽的，线条是流畅的，结构是对称或平衡的，是中华民族织锦纹饰宝库中不可或缺的部分，对美化土家人民的生活意义十分重大、十分深远，对中国非物质文化遗产的贡献也十分巨大。

● 单太阳花纹织锦　　　　　　　　　　● 满天星纹织锦

薪火相传的土家织女们和
与时俱进的设计师们

美学史上有一个著名的观点：劳动创造美。土家族服饰图纹美从哪里来？那当然是从土家织女的劳动中来，从她们鲜活的生活中来，从武陵山区厚重的历史文化与艺术氛围中来。土家织女们是土家服饰图纹美的创造者，她们就是土家织锦技艺的传承人。

民国以来土家织锦第一传承人当为叶玉翠（1908—1992年），女，土家族，湖南省龙山县苗市乡人，曾被国家轻工业部授予"中国工艺美术大师"称号，湖南省美术家协会会员，湘西州政协委员。

20世纪50年代末，叶玉翠与李昌鄂先生合作新土家织锦《开发山区》，轰动中国织锦界，被中国国家博物馆收藏。1984年后，她主持创作的土家织锦《鱼鸟同乐》《迎亲》《老鼠嫁女》等传统纹样织锦，先后被中国美术馆、重庆市博物馆和湖南省工艺美术馆等收藏。她是从民国时代走进新中国的跨时代土家织女，开枝散叶，她的弟子叶七妹、叶作香、叶菊秀、刘艳、刘代英、余满秀等至今仍然活跃在中国土家织锦界，传承着叶玉翠大师手把手教练的独门技艺。

● 1987年叶玉翠老人在龙山猫儿滩传艺

● 刘代娥传授织锦技艺

刘代娥，女，土家族，1955年生于湖南省龙山县苗儿滩镇捞车河村。2006年9月被中国工艺美术学会授予"中国织锦工艺大师"称号，土家织锦技艺国家级非遗传承人。她是著名的土家织锦"刘氏三姐妹"（刘代玉、刘代娥、刘代英）之二姐，先后带过180余位土家小织女。她的代表作品有6000厘米×160厘米的巨幅长卷土家织锦《甲子顺锦》（湘西土家族苗族自治州博物馆收藏）。《甲子顺锦》由中国少数民族用品协会土家织锦分会秘书长、中国织锦工艺优秀传承人李开奇设计意匠图，以庆贺湘西土家族苗族自治州成立60周年立意（60年为一甲子），取中国民间六六大顺之美好愿景，由刘代娥等8名土家织锦艺人历时8个月织造而成，被上海吉尼斯世界纪录总部认证为"世界最长手工织造土家织锦"。

叶水云，女，土家族，1967年10月出生于湖南省龙山县苗儿滩镇叶家寨，为叶玉翠老人侄孙女。1996年被联合国教科文组织授予"民间工艺美术家"称号，后被国家轻工业部授予"中国工艺美术大师"称号，2006年被中国工艺美术学会评为"中国织锦工艺大师"，土家织锦技艺国家级非遗传承人。叶水云代表作品有《人类与和平》《古城凤凰》《大岩墙花》《艺术女神》《宴乐狩猎水陆攻战图》等，先后被中国国家博物馆、中国美术馆收藏。

叶菊秀，女，土家族，1964年1月生于湖南省龙山县苗儿滩镇叶家寨村，为叶玉翠老人侄女，土家织锦技艺省级传承人，2006年9月被中国工艺美术学会评为"中国织锦工艺大师"。她曾经参与人民大会堂巨幅土家织锦壁挂《岳阳楼》和长沙火车站巨幅土家织锦壁挂《武陵胜境》织造，代表作品有长5000厘米、宽50厘米的土家锦长卷《魅力湘西》（湘西土家族苗族自治州博物馆收藏）和长1260厘米、宽40厘米的土家锦长卷《民族大团结》（中国民族博物馆收藏）。

刘代玉，女，土家族，1952年4月生于湖南省龙山县苗儿滩镇捞车河村，曾被国家轻工业部授予"中国工艺美术大师"称号，土家织锦技艺省级传承人，"刘氏三姐妹"之大姐。她的代表作品《麒麟进山洞》和《喜蜘蛛锦》等被湖南省博物馆收藏。

　　黎承菊，女，土家族，1967年出生于湖南龙山县苗儿滩镇六合村，土家织锦技艺省级传承人，2006年被中国工艺美术学会评为"中国优秀织锦工艺传承人"，2015年被中国少数民族用品协会评为"中国民族织锦艺术大师"。1984年，她参与创作的《春秋裙》《潇湘八景》在北京世界博览会上获金奖。2007年，她的代表作品《四十八勾》《福禄寿喜》《二龙戏珠》等被湖南省工艺美术馆收藏。

　　千年土家织锦技艺的传承与发展离不开土家织女们厚实的生活积累和个人的艺术天赋，更离不开土家织女们所处时代的社会需求与实用技术的进步。土家织锦是实用性、艺术性和手工性的完美结合。它既是物质的，也是精神的；它既是土家民族的，也是世界的。脱离了现实生活的需求与运用，土家织锦也就失去了生存的土壤与时代的温度，也就失去了蓬勃的生命力。因此，我们在强调土家织锦传统纹饰、研究土家织锦传统纹饰的同时，不能忽略了土家织锦现代纹饰的设计、研究与制作，用现在的时尚语言说，就是要充分重视土家族织锦文创产品的设计、研发与制作。而土家织锦文创的先行者们，有必要在此对其做一个简单的介绍。

● 1991年参与《武陵胜境》巨幅土家织锦研制课题组成员与湘西龙山织锦厂协助织造的十位织女在设计好的意匠图前合影。十位织女为：程运英、刘艳、叶孟娥、余满秀、向春菊、谭绍碧、叶翠萍、彭光秀、叶冬翠、魏忠爱

　　汪为义，男，1946年生，安徽休宁人，湖南省工艺美术研究所高级工艺美术师。他长期从事土家织锦纹饰和工艺的跟踪研究，凭着对土家族历史文化的热爱与中央工艺美术学院装饰绘画高研班的实用美术功底，让小众的、民间的、山野的土家织锦，走进了大众的、神圣的、都市的国家殿堂和公共服务机构。他是人民大会堂湖南厅20平方米巨幅土家织锦壁挂《岳阳楼》的主要设计者，也是湖南长沙火车站正厅170平方米巨幅土家织锦壁挂《武陵胜境》的美术设计师，还是170万张家界儿女献给十九大的礼物《武陵小康》的主要设计审定者。他还设计了旅游市场旺销的《湘西行》《屈子行吟》《里耶古镇》等作品。他设计审定的巨幅土家织锦可以说前无古人，必将留名中国土家织锦发展史。

●　薪火相传的土家织女们和与时俱进的设计师们

单海鹰，男，土家族，1956年7月出生于湖南省永顺县，1996年被国家科委授予"全国先进科普工作者"称号。1999年，他设计的新土家织锦《毕兹卡人》获"中国工艺美术创作大赛"金奖。2000年，他设计的土家织锦壁挂《毛古斯》获"湖南省首届民间工艺美术大赛"银奖。2006年9月，他被中国工艺美术学会评为"中国工艺美术大师"。他是当代集土家织锦设计、织造、营销于一身的传承人代表。

李开奇，男，土家族，湖南龙山人，现为中国少数民族用品协会土家织锦分会秘书长，中国织锦工艺优秀传承人。他主持设计的巨幅土家织锦《甲子顺锦》被上海吉尼斯世界纪录总部认证为"世界最长手工土家织锦"，是土家织锦设计界的后起之秀。

丁世举，男，土家族，1970年出生于湖南省张家界市永定区，现任张家界乖幺妹土家织锦开发有限公司总经理。他在张家界市两县、两区建立了五个土家织锦传习基地，聘用土家织女500余人，其主营业务涵盖土家织锦传统产品的现代应用、文产转化和研发设计，现已开发"乖幺妹"品牌系列土家织锦，涵盖艺术品收藏、居家装饰、服饰和实用类产品100多项，年产值6000余万元，是湖南省文创龙头企业。

● 乖幺妹土家织锦

第三章 | 土家织锦
的工艺美学

　　世居武陵山中的土家人自称"毕兹卡"，有自己的民族语言，属于汉藏语系藏缅语族，但没有自己的民族文字，土家织锦就是土家语"西兰卡普"的汉文译名。土家织锦在清代以前的原料主要是麻和丝，代表了平民和土司权贵的两种风格，清代以后基本是以"棉锦"为主，以"丝锦"为贵。土家织锦作为第一批国家级非物质文化遗产，既承载着厚重的传统文化与民族精神，也装扮着武陵山中土家人的多彩生活。从一丝一缕的劳作之中，土家织女们用手中的丝线和腰间的织机，世世代代传承着土家人历久弥新的文明记忆。

　　土家织锦是土家族在特定的自然环境和文化背景下产生和传承下来的传统技艺，是土家族非物质文化技艺的精髓所在。土家族村寨几乎家家都有织机，纺棉、缫丝、织锦是土家族妇女必须掌握的家庭手艺。历经心灵手巧的土家族妇女世世代代的传承和创造，织锦工艺不断发展与完善，逐渐形成了一套完整而独特的工艺流程，显露着不同时代的文化积淀。其除了有审美和实用价值外，以独特的结构方式蕴含着更丰富的文化价值与内涵。

备　料

● 湖南省龙山县苗儿滩镇捞车河村是中国土家族织锦"西兰卡普"的发源地

● 捞车河村冲天楼下土家织女织锦忙

　　土家族生活在湘、鄂、渝、黔交界的武陵山区，那里山高水长，古木参天，鸟语花香，绿叶婆娑，气候温和，因而野生植被种类繁多，鸟兽虫鱼奔走其间，这为土家人创造丰富多彩的生活提供了生态保障，同时也丰富了土家人的物质生活。现随着时代的发展和技术的进步，土家织锦原材料的来源日益丰富多样，经历了从远古时代的葛麻、苎麻，中古时代的蚕丝、棉花，再到现代的人造丝、化纤材料的演变过程。如今，土家织锦中运用了大量的腈纶膨体纱、涤纶以及人造丝，五颜六色的纱线可供直接运用，无需复杂的纺纱染色过程。织造前的准备是土家织锦传统工艺中必不可少的工作，而这些现代材料的运用，大大缩短了织造前的准备时间，简化了一些工序。传统土家织锦技艺不仅凝聚着织锦人的心智，以及织造过程中饱满的创作情感，还需要大量真实的实践经验。

1.**放线**。纺线土家织锦多以棉或麻为原材料制作经线，用棉或丝制作纬线。棉线需要先弹花去籽，再用手摇纺车纺成棉纱，三根棉纱捻成一股。经线常用两股或三股棉线合捻而成，一般用原色，也有染成红色或黑色，纬线分为色纬和暗纬，色纬也就是我们常说的纬线，常用染成五颜六色的棉线或者蚕丝线（也称"五彩线"）。暗纬是指用来打紧纬线的梭罗线，主要是用白色或者黑色棉线。为增加经线的强度与韧性，一般还要用米汤进行"浆纱"，再利用纺车将棉线倒在竹筒上（简称"倒线"），以便牵经使用。

2.**染色**。土家织锦利用矿物和植物染色的做法由来已久。早在商周时期，就有土家族先人利用丹砂做染料的记载。利用朱砂染色时将其研磨成细粉，经过多次漂取和提炼后进行染色，染色效果不仅能够经久不褪，还具有天然的防蛀、杀菌功能，染出的纱线颜色不同于寻常彩线的鲜艳，而是具有亮丽、均匀、古朴的质感。同样，颜色是"织锦的灵魂"，矿植物染色技艺无疑给土家人的生活增添了缤纷的色彩，再加上时间的厚度，更显得古朴而天真。

首先将棉线经碱水煮沸脱脂，清洗晾干后进行染色。染料多取于大山里生长的植物，如桑叶果、红花、苋菜、栀子、乌梅、黄柏、姜黄、五倍子、蓝靛等植物的花、

叶、皮、根、果等，熬取汁水后便制成天然染料。染色时添加碱性的石灰水或草木灰水进行固色，染色后的纱线大都露天放置两三天。沈从文在《边城》里写集市上有"染色的栀子"，栀子是一味药材，也可以用来染色。由此可见，在长期的生产生活实践中，土家人不断总结矿植物染色的经验，比如采摘红花、茜草、狗屎泡的根熬制而成以染红色；熬煮苋菜染制红色；采摘五倍子、马桑树皮、板栗球壳而作为主要原料熬制黑色；用黄栀子、姜黄、黄柏皮熬制黄色，并且根据熬制的汁水浓度决定色系的深浅，浓汁可染厚重的金黄色，淡汁可染成明丽的黄色或浅黄色。

笔者在湖南省龙山县苗儿滩镇捞车河村进行田野调查期间，当地土家织锦技艺国家级传承人刘代英三姐妹正在工艺程序上探讨和恢复当地流传千年的传统染色方法，并长时间观察固色剂的效果。有个浙江的老板听说这件事情，有些半信半疑，还专门打电话来询问刘代娥大师是不是用了硫磺？她说我长这么大岁数，连硫磺是什么东西都不知道，也没见过啊。民间植物染色有很多种方法，取之自然，用法讲究，方便经济，服务于生活。借助草木本身的力量，依据节令时令的不同，一种颜色可以有几种植物以供选择，而且不同植物在不同季节选用的植物部位也不一样，比如春天有的植物选用树皮，夏天有的植物选用叶子，秋天有的植物选用果实，冬天有的植物可能选用树根。中国丝绸博物馆赵丰馆长告诉笔者，土家织锦中有一种"冻绿"的颜色，只有在霜冻的时节，在阴湿的山洞里或密林中，用几种特殊的植物根茎，用特殊的提取方法，才能染成这种举世罕见的"冻绿"。这种"冻绿"类似于宋朝艺术家皇帝赵喆追求的汝瓷梦幻般的釉色"天青色"，"雨过天青云破处，这般颜色做将来"，已经失传多年了。何时何地才能恢复这种民间传说中神话一般的"冻绿"，还是一个需要时间解开的谜。

● 晒料。准备晒干的黄柏树皮

● 捣碎。用专门的工具"对马"，将晒干的黄柏树皮捣碎

● 熬煮。用水混泡后，放在大铁锅里煮开

● 染色。用纱布过滤后，将汁液倒入盆里即可染色

● 晾晒。挂在室外晾干

牵　经

　　"牵经"是装机织造程序中最重要的基础工作，在传统织造技艺里是采用地桩的形式：先用若干木杆插入地下，将倒在竹筒上的经线固定排列；然后"装筘"，即将经线依次用挑子穿入筘眼；接着"滚经"，将已装筘的经线进行梳理，卷上滚棒；接下来"捡综"，棉线用近8字形套结，循环缠住综杆和经线；之后"捡花"，将经线分为三层，把准备挑花的一层清理出来。经线用分经杆分组，用绳索捆扎联动机构，调整好综杆、杠杆及踏杆的位置，之后就可以织造了。

1. 准备工作：打固线桩、篙桩和筒线桩

　　第一步：准备好四根直径3.3厘米，长约66.6厘米的圆木棍，将木棍的一头削尖，另备筷子大小的小竹棍若干和干苞谷（玉米）秆四五根。

　　第二步：选好一块长约1667厘米、宽约667厘米的平整的场地，在长的一端向地面打上一根固线桩，然后根据所牵经线的长度（667～1000厘米），在场地的另一端与固线桩垂直的方向打上3根篙桩，间距约16.5厘米。由外到内分别为2根细篙桩和1根毛篙桩，细篙桩用来固定所牵的经线和定篙，而毛篙桩是防止在牵线过程中脱篙和便于理线。

第三步：在两端木桩垂直中线的左侧或右侧66.6～100厘米的地方，与木桩平行的地方放上3～4根干苞谷秆，在苞谷秆上向地下打上若干小竹棍作为筒线桩，小竹棍间距9.9～13.2厘米，用于安装筒线。

这是汪为义先生20世纪80年代在捞车河村，对当时牵线的场景所做的真实而详细的田野记录，包括相关数据的测量以及就地取材的辅助工具的使用。随着现代技术的进步，传统工序朝着简单易操作的趋势演变，把竹棍换成了细铁棍或者木棍，并以一条线楔入一个300厘米左右木桩上，间距为15厘米左右，直接把筒筒儿线放在木桩上的细棍即可，可以重复使用，准备工作也就简化了很多。

● 倒线。将纱线倒在绷架上，然后再安装上空心小竹管，手工将纱线倒成筒线备用

● 传统筒线桩

2.牵经。牵经前先将筒线放在小竹桩上，然后将线头依次拉出并固定在固线桩上，向篙桩方向拉，拉到两边线桩中间位置时，用右手依次将经线绕出"8"形圈，这道工序叫"捡花"，然后移动"8"形圈将站线牵到篙桩处，并安入细篙桩，再将经线整体交叉套入毛篙桩，然后再将经线

● 传统手工绕花岔

● 机器绕花岔分层

牵到固线桩，这样就牵完了第一手。然后将线绕过固线桩，再按照第一手的过程牵下去，牵多少手线，需要根据所需扣幅站线总数和线筒筒儿的多少来定。现已将两个木棍间并排插在一水泥墩子上，一个细篙桩插在另一个水泥墩子，放在另一端。而现在工厂化生产讲求效率，采用机器牵经。

3. **装筘**。将1根直径1厘米、长约100厘米的竹竿顺着细篙杆插入"8"形圈头，用绳子固定，然后由上而下理出8字圈头，另外一个人将尾部连有粗线的竹筘刀依次穿过筘眼，用挑子将线头勾过筘眼（每眼2根），并将粗线穿过线圈加以固定，直到将所有经线依次勾完。再用另一根竹竿插入开口的经线中，两头用细绳与另一根竹竿连在一起，防止经线脱落。再将筘和竹竿连通经线，并从细篙桩中取出，完成移篙。

4. **滚经**。经线装筘完成后，将线头圈中的粗线换成一根竹竿，然后将竹竿安在卷经线的滚板上，卷上几圈站线将其固定，然后将滚板紧靠在腰机的固经桩上，靠着织

机本身的重量拉紧经线，依靠机头的移动将经线卷到滚板上。卷线时要加上稻草，一人用筘理顺经线。滚经线要一边卷线，一边往所卷的经线上加稻草，以免经线垮边（现在一般使用报纸即可），跨线直接影响锦面的紧密度和图案效果。另外一种方法，就是将固纱桩的经线移到一条倒放的长板凳的脚上，在板凳上放上石块后拉紧经线，依靠凳子的移动卷取经线。

现在工厂牵线大都采用了大牵线筒来完成，操作省时省力。将15到30个线筒放在经线架上，牵出每个线筒上的线头，绕过插入地下的三根木桩，按照顺序打成"花岔岔儿"，即"8"字套，打花岔岔儿是为了在装机时分清经面。因为土家锦一般是三层经面，所以就要求绕两个花岔岔儿，这样才能在装机后有三层经面。牵经线是根据所需织物的用途来决定经线的长度、宽度，并设计经纬线的开口，一般长度一般牵到10米左右。1厘米的经面，需要30根左右的经线。幅宽40厘米的织锦，就需要1200根经线。

● 装筘

● 传统滚经

● 工厂滚经

● 翻篙

5．翻篙。经线滚好以后安装在织机后方的固线桩上，再将竹箝和两根竹竿前移，将两组经线交叉理到竹箝的后面之后将两根竹竿抽出来，并依次插入竹箝后面的经线里面，作为上下斜篙杆，使经线开篙杆移到箝的后面，这就完成了翻篙。将竹箝移到织机插杆桩前，再在经线交叉处放入两根上下斜篙杆，再把篙杆插入杆桩上下的两个孔里面，将经线分为上下两组。原来的两根篙杆继续安在后面当分绞杆，以便于断线时理线。将安放在单根固纱桩（或板凳脚）上的经线头取出，按照篙杆所分出的上下两级经线，均匀分成十余组后打成活结，分别穿到卷经轴上，套上绊带拉紧经线后，将经线头再一次打结固定，使经线松紧均匀一致。用一根粗线从左到右穿过经线开口处，并将线头固定在综上。

6．捡综。"综"是一根长约100厘米的小竹竿，竹竿一头用刀破开一尺左右，用6.6厘米长的小竹棍将其撑开。然后在竹竿上安放一根小竹条，将其左端用绳子和竹竿捆在一起，从横穿经线的粗线开始，

从右到左将上一层经线一一套在综上，并将细线成"8"字套绕过综上的小竹条，防止综线串位。挂完经线以后，去掉那个小竹棍，用细绳将综杆与小竹条固定。

7．上下斜（花）。将上层经线按顺序采用挑一压一的办法分成两组，然后用一根竹竿将其隔开，并将竹竿插入插桩的上端加以固定，以便于踩上下斜花。

8．挂杆上机。挂好综套的综杆，把小竹条的两头用长绳子捆牢，再将其连接到腰机的"提综鱼儿"（布鸽）前段钻孔上，在提综鱼儿后端的钻孔中，吊上一根长绳至腰机底部，然后连接一根开篙踩棍。在长绳的中部与篙线形平行的位置，套上一根中斜杆以压经线。至此，整个牵经工序全部完成。

● 捡综

● 穿杆捡上下斜（花）

挑花织造

土家织机一直沿用传统的"腰裹斜织机"，以三层经线错综过纬，即上下各半分经后，再将面经对半分开，把经线全拴在腰上，编织时脚踏提综，经线开口，用牛骨针在经线上挑花，并按图案所需填入彩色纬线，以纬刀将纬线打紧，观察背面，织出正面。土家织锦技艺分为"平纹织"和"斜纹织"两种织造方式。挖花挑织使纬花可以自由换色，得到用机械织造难以替代的灵巧和艺术图纹的随意，形成独特织造的手工特色和多彩的锦面效果。平纹素色织锦受土家民间挑花工艺影响，对比强烈；斜纹彩色织锦质地较厚，纹样比较复杂。

1. 安篙筒。 篙筒是一个直径约5厘米、长约80厘米的竹筒。在织锦之前，将篙筒安放在插杆桩上端上下分组经线的中间。篙筒主要用于清理纺织过程中的错线和经线分组，篙筒放在上面两根篙杆上是上斜，篙筒放在中间的中斜杆上是踩中斜，篙筒放在压线杆靠近综线的地方是踩下斜。

2. 织布头。 织布头是织女在挑花前先织一段平纹布，

这段布用于安放在卷经轴上卷取织锦。织布头时，织女只踩中斜和空斜。踩中斜是将篙筒放在中斜杆上，然后踩下踩棍，将经线分为两层，并将梭罗引纬线穿过。空斜是把篙筒放在中斜杆上面撑开经线，而不用踩踩棍，然后用梭罗穿过经线杆打紧就成。完成第一段纬线并再次引入第二段纬线，如此反复多次，便可织成布头。

3. **织法**。首先将束腰的绊带套在织女腰上，拉紧经线，心中默记要织造的图案和纹样，配好颜色，选色纬用挑子挑起要起花的经线，把色纬穿过去后，身体微微后靠，脚踏分经杆，一手提综，另一只手投梭，梭罗穿过开口打纬并穿过暗纬。等一排需要显花的部分全部完成后，再踩动分经杆，挑起另一层要显花的经线，反复操作。土家织锦一般有三层经面，需要循环三次，才能织出一个单位的花纹。三层经面，决定了土家织锦可以织对斜（平纹）和上下斜（斜纹）两种组织结构。在土家锦的织造过程中，平纹是斜纹的基础，斜纹水平的高低，直接决定织造者工艺水平的高低。

● 织布头后开始挑花织造

在织造的时候，色纬全都是在织物的背面完成的，俗称"反织法"，按挑三压一的顺序织入，背面的线头看起来似乎杂乱无章，其实所有的纹样颜色都记在织造者的心中。如果说需要换线的时候，拿出一根新线接上即可，一种颜色织完后，就顺着把线头藏到织物里面，使色纬与所织的面料形成一体。这种"通经暗纬"的挖花工艺，实际上在织造过程中还有一根藏在梭罗里的暗纬，由于比较细小，隐藏在色纬之下，不易被人发现，通过它来回贯穿整幅织锦，起到了加固锦面的作用。这也是为什么西兰卡普会那么结实耐用的技术原因。

● 织锦正面

● 织锦背面

（1）织上下斜（纹）。织上下斜纹，即挑织土家锦被面立体图案斜纹的花纹组织。上下斜（纹）就是土家织锦中的斜纹组织，要织成上下斜，主要由篙筒所放的位置来决定。篙筒放在两根竹竿并排的中间，然后踩下踩棍，开篙后穿梭，再把篙筒放下来，然后打紧、挑花，这是织上斜。织下斜（纹）就是把篙筒放在中斜杆的下面，踩下踩棍，开篙后穿梭罗、打紧、挑花，这样循环进行，就织成了上下斜（花纹）。

（2）**织对斜（平纹）**。织对斜（纹）就是织土家锦被面的上下档头平纹花纹。对斜（纹）就是土家锦中的平纹组织。织对斜花纹，每次只需踩下斜。但是，对斜有扯斜和不扯斜的区分，扯斜只用一次梭子线，不扯斜则用两次梭子线。

（3）**抠斜**。抠斜这种织法在织上下斜花纹时才会用到。上下斜纹都是斜向，为了织斜向和纵向、直向共同组成的花纹，如岩墙花、桌子花等需要运用抠斜织法，民间有"四十八勾名堂大，比不过岩墙椅子花"之说，可见其织造难度之大。因纹饰中大量出现垂直线，在通体斜纹织法基础上，须用"抠斜"技艺，才能形成视觉的直线感。

抠斜织法，又可分为"挑三压一"和"挑一压一"。挑三压一法，就是将开篙的上层站线三根为一组，而不得用一根站线隔开喂进花线，使其与上一次喂进的花线在需要的地方对齐。因为土家织锦是靠五根经线为一个喂花线组，抠斜喂花线后，两边各剩一根经线，这两根经线可以一起挑，也可以挑一根压一根，这就是挑一压一法。两个方法中，后者织出的锦面效果更好。

总而言之，手工织造1平方米的土家织锦，需要12道完整的工序，720分钟的织造时间，1472根经纬线的两次穿越，25920次纬线的挑织换线。土家织锦的劳动力价值之高和艺术价值之美，从数据上可窥斑见豹。

织 机

土家织锦传统木质斜织腰机，也称"打花机"，经历了由原始的足蹬式踞织腰机到提压式卧机的发展过程。

土家织锦传统织机幅宽较窄，一床土花铺盖，一般要由三幅织锦相拼而成，又称"接幅"，与"接福"谐音，蕴含美好的寓意。随着时代的飞速发展，这种织机逐渐无法满足社会日益增长的美学需求了。

20世纪80年代，土家族地区的织锦厂，开始对传统织机进行了现代化的技术改造，在传统斜织腰机的基础上，设计出可以织造大幅宽面织锦的大型平式木质织机，以及能织造更大幅宽织锦的大型平式木铁混合织机。同时，水平式大型织机，没有了传统斜织机的腰带设计，这就把织造者的腰部解放了出来，可以自由选择姿势进行上机操作，这也为土家锦的现代发展奠定了技术基础。

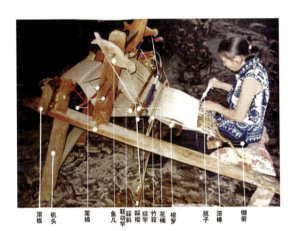

滚板　机头　篙桶　鱼儿　联动斜　踩棍　综竿　竹箱　花桶　梭罗　桃子　滚棒　繃带

● 土家织锦传统斜织腰机结构图

● 传统织机构件

● 大滚经筒

● 筒线桩（地桩）

● 大型平式木铁混合织机

第四章

传统与现代
——薪火相传的土家族服饰

昨日的土家女人，今日的"艺术家"

土家族传统服饰的用料，过去主要是在吊脚楼里自纺、自织、自染的土布。而织锦和挑花，多作为袖口、领口、衣底边、对襟、裤口等位置的装饰和花边。

1. 土布。土布又称"粗布""家织布"。清雍正帝"改土归流"后，洋纱大量进入土家族聚居区，在一定程度上冲击了土家人的布料市场。直到新中国成立前，洋纱织成的土布占据一定市场份额，土家人还是多用自织、自染的"家机布"（俗称"土布"）做衣料。土布用全棉织造而成，织布经过纺线、打线、浆线、沌线、落线、经线、刷线、做综、闯杼、掏综、吊机了等工序，手工织机也为木质结构。土布整匹一般都有比较规律的经向条纹。限于织机的结构，手工织造面料幅宽比较窄，传统土布幅宽为40～50厘米。土布一般被用矿物或植物染料染色，染成青蓝色或黑色的土布，一般被用于男子服装；染成红、黄、紫、白等颜色的布料，一般被用作儿童和女子服装。

● 土家族挑花褡裢（中国民族博物馆藏）
年代：清晚期
材质：土棉布
简介：挑花褡裢两头条有一寿字纹图案，寿字下部挑有吊须。
　　　素静淡雅褡裢配上挑花图案平添了一份生气。

● 印花门帘（中国民族博物馆藏）
尺寸：长174厘米，宽104厘米
简介：民国时代"印花门帘"，
　　　是由土靛和土布制成的。
　　　蓝印染，也称"刻板印染"，
　　　染料取自植物蓝靛。门帘
　　　图案主图为一花瓶，上插
　　　三枝盛开的牡丹，取名"富
　　　贵宝瓶"，寓意富贵吉祥。
　　　门帘构图精美，染色纯正。

● 土家族喜鹊闹梅挑花床单（局部）（中国民族博物馆藏）

年代：民国

尺寸：长164厘米，宽161厘米

材质：棉、丝纤维

简介：该床单系白底黑色间白图案。梅树干枝横斜，梅花开得正旺。三只喜鹊跳跃腾飞，淑
　　　静淡雅，静中有动，别具匠心。

2. 挑花。土家族妇女服饰上的衣袖与裤脚等图案一般采用"挑花"法，多以红、白、蓝、黑的直纹平布为底布，红白底布则挑以黑线，蓝黑底布则用白线挑绣。土家女童从小就跟着妈妈或叔嫂或姐姐学习挑花，为自己准备出嫁的嫁妆，为父亲或哥弟准备日常穿用的服装。土家女人是天生的艺术家，她们以武陵山的大自然为师，把大自然中的花、鸟、虫、鱼挑花绣织在头巾、手巾、枕巾、门帘、帐帘中。花样百出的图案，争奇斗艳的花色，是土家女人千百年来世代传承的艺术结晶。

● 儿童绣花帽（中国民族博物馆藏）
　尺寸：直径19厘米，高10厘米
　简介：属于春秋帽，刺绣工艺讲究，
　　　　绣有花鸟图案，花鸟栩栩如
　　　　生，配有银饰罗汉，俗称"十八
　　　　罗汉童帽"。童帽色彩艳丽，
　　　　充分体现了土家妇女的母爱
　　　　深情。

3．织锦。土家织锦是土家人传承千年的五彩记忆，以深色的锦线为经线，各种色彩的粗丝、棉、毛绒线为纬线，进行手工挑织。其质地厚实，经久耐用，是一种美丽的实用装饰品。土家织锦编织精巧，色彩鲜明，花纹朴素绚丽，富有浓郁的民族特色，主要被用来作被面、服饰、床罩、窗帘、桌布、椅垫、包袱、艺术壁挂、锦袋等，色彩对比强烈，图案或朴素或富丽，写实与抽象结合，极富生活气息。

● 土家族七姊妹花织锦被面（中国民族博物馆藏）
年代：清晚期
材质：土蚕丝、棉纱
简介：七姊妹花属植物花草类传统纹样。七姊妹辣椒，土家人又将其称为朝天辣，多为七个一束，故名"七姊妹辣椒"。土家族地区多雨潮湿，加上过去缺盐，因而喜吃辣椒祛湿。该藏品由蚕丝混棉纱织造而成，是由三幅拼接而成的一幅被面。

● 土家族台台花盖裙（娃背盖）（中国民族博物馆藏）
年代：民国
材质：土蚕丝、棉
简介：盖裙由土蚕丝与棉纱混合编织而成，中间为黑色土布，包围三边的
　　　是工艺精细的台台花织锦，平时用来包裹"窝窝背笼"里的儿童。

昨日的裁缝，今日的高端定制

　　说到衣服裁剪，就不得不提到"昨日的裁缝，今日的高端定制"。过去，在土家族生活的武陵山区，从事裁缝职业的人都会受到当地村寨乡民的尊敬，土家人把给他们缝制衣服的裁缝推入"师傅"之列，尊称为"某师傅"。以前土家人做衣服，师傅大多背着裁缝背篓上门量尺寸做衣服，主家请师傅进堂屋，并且用包谷烧酒、好腊肉、肥母鸡进行招待，与现在"私人定制"的模式相类似。

　　随着现代社会的快速发展，商品流通日益快捷，物质生活也日益丰富，土家人的穿衣打扮也日趋新鲜和靓丽。平时穿民族服装的人越来越少，大多只在节庆活动时穿戴民族服饰，因而传统的土家服饰裁剪与缝纫技艺受到了很大挑战，"裁缝"这一行业也日渐式微，成为难以为继的稀有工种了。

　　土家族传统裁剪的工具跟其他民族地区相差不多，大都比较简单，有裁剪书、灰线包、木尺、烙铁、剪刀等用品。缝制传统土家服装分为裁剪与缝纫两个环节。挑选确定布料，量好身体尺寸后，便开始进行裁剪。"广裁衫袖长制裙，金斗熨平波刀纹"，裁剪的第一步是处理布料，需要把布料用熨斗熨平展，然后按照量好的数据进行画线和裁剪。缝纫时讲究"打工"，这是一道非常关键的技术，要求针脚紧密，力道一致，这样缝制的衣服才会美观匀称。做传统土家男服也有许多讲究，钉布扣子是整个工序的点睛之笔。其做法是将长条形布料封边，再里外对翻，做成细细的布"梗子"，然后像编中国结那样编好"公扣"和"母扣"。钉扣子也有讲究，"公子家中琨，母子主一分，肩眷绊一挑，线在口中行……"。钉好的布扣子，一对一对并排对齐而下，形似蜈蚣，俗称"蜈蚣扣"。这是土家男人的"对襟男服"的制作法。传统土家女服是"斜襟右衽"，广裁衫袖，长制裙服，减裁有别，制作相似。

　　裁缝是个技术活、精细活，裁剪和缝纫时必须心思缜密，心平如镜。怎么满足主家的要求，比较好地把握和选择布料、搭配颜色以及确定样式，把衣服做得合体合身、美观舒适，这就要求裁缝具备一定的美学素养和土家族的历史文化知识，并且准确领会主家的个性化需求。这个职业的行业标准以及基本素养，在《裁剪真诀》里也得到了体现。

　　《裁剪真诀》是湖北省宣恩县在第三次全国文物普查工作期间发现的一个手稿本，是100多年前（清宣统元年，1909年）由当时的民间缝纫艺人编写而成的专门裁剪类书稿，著者是当时著名的服饰设计师周世槐先生。这是一本专门针对土家族服装剪裁的文献记载，书中内容涉及服装剪裁的历史渊源、剪裁原则、剪裁方法与标准等内容。

● 《裁剪真诀》封面

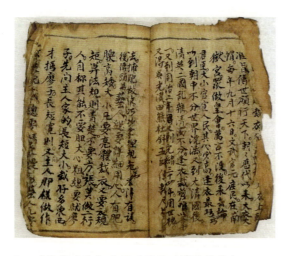

● 《裁剪真诀》内页（恩施州博物馆藏）

"自昔盘古初开天辟地，三皇氏轩辕皇帝树叶惟体，到秋九月中旬六日，驾坐朝时，大（会）群臣，人人抖寒，口口说冷，有十二大臣商议奏本，城有一口口，准旨传世颁行天下。朝朝历代以来，大衣大帽每年九月十六日，文武官员庶民在南岳官众做皇会，万言不没，后来云论君臣大小官宦人民其心必高，缝衣最巧。以到朝中不分，世界浇漓又到大清国后。清英二国乱杂，清浊不分，惟以拿一，又到同治二年，又到光绪三十四年，周世槐又得吴光汉、田熊、杜舒玉师传教尺口口法，捕配做作巧妙拿捏规矩，弟不得有误。后传徒弟艺人总要详细用心，人有肥瘦高矮大小，凡要量体裁衣，又要衣规矩，算法则清楚，不要方张，莫做二行人，自称岂能。不要胆大心粗，总要就廖子。先问主人家长短大小，裁仔多东西，才拒廖子。长短宽，又问主人那样做作。"

这本《裁剪真诀》告诉我们，早在晚清时代，土家族地区就有职业的"时尚先生"从事"高端的私人定制"，土家民族的开放程度，从一本书可见一斑。

满目华彩，传统服饰秀耀大中华

　　土家族拥有丰富且悠久的文化历史，其服饰文化也具有浓厚的土家族特色。土家族服饰文化具有寓意性，服饰上面所绣的自然万物基本与农耕生活相关，其服饰通常带有生活的寓意和祈求；土家族服饰也具有艺术特色，土家人喜爱简单且宽松的服装，一般由手工制作，带有土家族风情，可谓"满目华彩"。土家人每逢喜庆节日，都要穿上最好看的民族服装，佩戴上最珍贵的金银首饰，像孔雀开屏一样展示自己的民族文化，秀耀大中华。

一、秀美武陵，传统女性服饰

　　土家女性上装多为麻质和棉质的短衫，一般都是由自纺、自织、自染的土布缝纫而成。上衣款式有大襟、银钩、外托肩等式样。大襟大多袖宽大而短，无领，一般不饰梅花条花边，一般都是在衣襟、袖口处镶两道不同颜色的布边，显得朴实稳重。银钩则为矮领，衣袖比大襟略微长一些和小一些，衣襟和袖口镶宽青边，而袖口青边后面一般会添加三条五色梅花边，胸襟青边则用彩线绣花；外托肩圆领、滚边，向右边开襟，衣大袖大，以不同布色托肩在外，领高，镶有三道花带小边，又叫"三股筋领"，

托肩外缘和外缘下的衣襟边上缀有一条宽青边，边下再贴三条等宽的五色梅花条，胸前钩花，袖口镶宽边。另外还有青褂套白色内衣的喜鹊衣及围裙等衣式。已婚妇女袖口较大，把衣袖卷上以方便幼儿吸乳。

女八幅罗裙： 女八幅罗裙的裙褶多又直，并绣有花纹，显得庄重大方。妇女穿大脚筒裤，多为青蓝二色，裤脚处还滚上梅花条。老年妇女喜欢穿青色或蓝色的布衣，只在两衣角绣些花卉图案作为点缀。少女服饰则以细长为特点，无领，或左或右开襟，袖口和襟多为青边或花边。姑娘出嫁时的衣裳装饰更是斑斓多彩，最为典型就是土家姑娘出嫁时所穿的"露水衣"。这种衣装衣长而大，由上衣、裤、裙三大部分组成，上衣为大襟、大袖、大摆，下衣裤脚宽大而短，裙为八幅罗裙和百褶裙，脚穿绣花鞋，亦称"露水鞋"，佩戴的金针、银簪、铜铃缀满全头，坐轿出嫁时是土家山寨一道靓丽的风景线。

帽子： 土家妇女的帕勒帽，用或7尺或14尺青丝或青布帕，不包人字路形。帕勒帽宽二寸，长一至二市尺，以浅蓝、蓝和青布黏成一个布壳，上绣梅花、荷花、龙凤等图案，配有金银饰，两头缝有绳带。青丝帕长八尺，宽一点六尺，折成帕勒帽形。现在戴这种帽子的土家妇女已是少之又少了。

背包："筒帕"是土家族妇女所用的背包，用自织的花布缝制而成，色彩鲜艳，图案别致，颇具现代艺术的风味。这种背包一般是土家妇女出门时用，可装针线女红、钱包、洗漱化妆用品，是土家女服的必要的组成部分。

绣花鞋：土家妇女是制鞋的专家。每当农闲的时节，土家姐妹都要约聚在吊脚楼上，以浆好的布壳为面，以手工的鞋板为底，为父母、兄弟、情人、外戚长辈等做各种各样的鞋子。鞋口滚边挑"狗牙齿"，鞋面多用青、蓝、粉红绸子，鞋尖正面用五色丝线绣出各种花草、蝴蝶、蜜蜂。其用素、艳、浓、淡对比强烈的丝线，挑绣出花、鸟、虫、鱼的各种图案，一针针一线线都蕴含着土家姑娘们的聪慧才智和丰富想象力。正如清代一首《竹枝词》所赞："溪州女儿最聪明，描锦挑丝最有名。凤采牡丹不为巧，八团芍药花盈盈。"土家姑娘亲手制作的"定情鞋"和拜花堂时的"踩堂鞋"，更是充满爱情的艺术品，是男方家庭最为看重的女红技艺。在相对封闭的土家山寨里，土家姑娘从七八岁时起，就跟着母亲学习接麻、纺线、搓鞋索、挑花、织锦等女红，把一束束生麻破成发丝一样细，然后搓成又紧又细的鞋索，先用苋菜苔浸泡一些时日，之后再加火灰煮沸后捶洗干净，在太阳下反复漂晒成雪白色。鞋底纳得又紧又密，横直成行，纵横有路，使用有色布壳做底，一般会用白线布包边，在这样的色彩对比之下，整双鞋子显得更加美观，是土家姑娘定情、贺寿、行孝的大礼。

绣花鞋垫： 土家姑娘为了保护来之不易的绣花鞋，一般会配套纳一双鞋垫。土家姑娘一般先用面粉糊布壳晾干，再用纸剪出鞋垫式样，画上格子后，以青、蓝、白、红、绿、黄、紫等多色线，手工纳出花纹或吉祥字图案，是姑娘赠给意中人或长辈的最珍贵的礼物。

头饰： "改土归流"后，土家族妇女佩戴的首饰更加多样，头插别簪、金花、银凤，耳吊金银耳环，有"瓜子""灯笼""龙凤"双环和单环等多种样式，佩戴项圈、手圈、足圈和金银戒指。民国初年，大户人家仍然如此，平头百姓，则天然去雕饰了。

土家人常说："好吃不过麂子肉，好看不过素打扮。"土家姑娘崇尚天然去雕饰的淳朴之美，平时不戴首饰。土家民歌有"阿妹头发二尺八，梳个盘龙插枝花"。姑娘没有出嫁前，头发一般梳成一条长辫子，用红、绿、蓝、青等颜色的绒线作为头绳和装饰，甩在背后，随风飘动，就像沈从文《边城》中翠翠的形象一样。结婚后，头发则挽成粑粑鬏，多别插银簪子，包青丝帕。"贯耳多环，累累然缀肩下"。耳环有瓜子、灯笼等样式，材质有金、银、铜。戒指有一颗印、三镶戒、单股子等；胸饰则有牙扦、扣花、银练、银牌、银铃、银珠子等；头饰有玉簪、金簪、银簪、银梳等。其平时不用，多在节庆的时候佩戴，成为世人眼中"流动的风景"。

二、兵农合一，传统男性服饰

土家男子一般个头矮小，但勇武剽悍、粗犷豪放、威武雄壮，其服装具有宽松自如、行动方便、经久耐用等特点，直接体现了土家男人的男子汉气质。

土家男子传统上衣是"琵琶襟"，安装铜扣，衣边上贴有梅花条并绣"银钩"，到后来才逐渐变成穿满襟衣和对襟衣。按年龄划分，土家青年多穿对襟衣，正中一般钉上七对、九对、十一对不等的布扣子，领高，袖小而长，袖口滚边。老年男子常穿无领满襟短衣，捆布腰带，压素色布条"琵琶襟"服，在短衣外面套黑布单褂，俗称"鸦鹊褂"。其春秋时节则穿"夹背褂"，冬天穿"棉背褂"。背褂多用青色（黑），衣襟和袖口绣有白底蓝色花边，俗话说："白布衫子巴肉穿，青布背褂糊皮漫，不好看的也好看。"一黑一白，黑白分明，从服饰就可以看出土家人爱憎分明的民族性格。土家民歌唱道："鸦鹊子，尾巴撒，身穿绿背褂。一翅飞到前园里，嘎啊嘎啊喊。一翅飞到后园里，喊的喊的嘎。小幺姑，快烧茶，外头客来哒。"鸦鹊即"喜鹊"，喜鹊羽毛黑白分明，同土家人穿起的背褂色系一样，因此，土家背褂又叫"喜鹊褂"，或叫"鸦鹊衣"。喜鹊是土家人心中的吉祥鸟，也寓意吉祥如意。

土家成年男子一般头包青丝帕或青布，包成"人"字形。近代历史上，还有在左耳穿耳环、左臂腕戴有铜圈子

或玉石圈的习俗。土家男裤被称为"缅裆裤"，不分老、青、壮，皆大脚大腰，大都是青布、蓝布作裤腿，缝上白布裤腰。其从平面上看是梯形，两裤脚及腰的尺寸接近，短小而肥大，一般镶蓝布条作为裤头，裤腰由左向右折叠，以布条或棕绳系紧，因此又称"左转弯"。土家俗话中有"男围三幅裙，酒席场中不丢人"之说，历史上，抹围裙（三幅围裙）曾经也是土家男子的衣着习惯，据沈从文考证，八幅罗裙是正宗土家族服装。过去，土家男女不穿袜子，而是打绑腿，男子都是将裤子裹成人字路，配布鞋或草鞋（男鞋有偏口鞋、鱼头鞋、翁鼻子鞋等），干练利索。有专家认为，这是土家士兵打仗时的装束，有土司"兵农合一"传统制度的痕迹。其由三层重叠而成，一般为蓝或白布料，不论劳作还是农闲都可以穿，具有灵活方便的特点。土家地区流传"三幅围裙白布腰，打得仗来上得朝，棉花织的家机布，人不求人一般高"，这正是当时男子穿裙习俗的真实写照。

三、超萌童趣，传统儿童服饰

土家族历史上是一个十分勇武的猎虎民族，土家人的祖先是以射杀白虎而称著史册的"白虎复夷"，即通常说的"弜头虎子"，秦昭襄王时代的廖仲就是射杀白虎的代表。这些关于英雄祖先的传说，至今还可以在土家族的童帽、童鞋得到印证，如男童帽叫"虎头帽"，男童鞋叫"虎头鞋"，虎头有鼻、有眼、有耳朵，所不同的是帽子上的虎额上用丝线绣有"王"字。另外，女童的冬帽饰有大八仙、小八仙，以及十八罗汉的菩萨帽、鱼尾帽、兔帽、风雪帽等，民间素有"春秋紫金冠""夏季冬瓜圈"的习俗。女孩从小蓄发椎髻，一般梳成两个朝天椒似的羊角辫，一般都有银手镯、银足圈，镯子上有金瓜、银铃等饰物。男孩满周岁时，多佩戴镌有"长命富贵"字样的百家锁，还有肚兜和口水裆，都是经过母亲精工挑织的挑花绣品，充满殷殷的浓得化不开的母爱。男童鞋式样丰富，有虎头鞋、猫娃娃鞋、兔娃娃鞋、长统鞋、搭搭鞋、软底鞋等。女童鞋多以颜色布为面料，以五色丝线绣花，花样以因年龄层次或素或艳。土家儿童服饰是成长的记录，是童年的回忆，是妈妈的爱，是爸爸的情怀。

四、通灵通神，传统宗教服饰

土家人在传统节日如舍巴日或白事活动中，会进行娱神娱人的半宗教活动。从事这种半宗教活动的人，土家语称为"梯玛"，汉语称为"土老司"。土老司所使用的服饰，即是土家族传统的宗教服饰，类似于北方民族的"萨满服"，是可以通神通灵的必要工具或手段。

法衣：又叫"礼衣"或"朝服"，是土老司在白事中行法事或傩戏演出时的主要服装。法衣一般用大红布缝制，黄布镶边，中胸直开，在胸肩左上方绣有"千千兵夫"的字样，在右上方绣有"万万神兵"的字样，背面左

肩绣有"日"的字样，背面右肩绣有"月"的字样，显示"通神通灵"的神奇功用。由于土家族是儒、释、道三教都有所信仰的民族，各地的法衣也有所区别。湖南保靖或龙山一带梯玛的红色法衣受道教的影响，前后有"八卦图"或"太极图"。而黔东北一带梯玛的法衣则有深红色的"太极八卦衣"和"五龙捧塔衣"两种。从造型上看，五龙捧塔衣后背中央有一高耸的宝塔，塔四方各有一龙捧扶，塔下端有一龙翘首向上捧塔。塔下是五彩祥云环绕，山河如飘带，象征人吉年丰，五谷丰登，六畜兴旺，是对虚拟天上世界的描绘。民间相传，法衣能避水、火、风、寒、热，具有驱瘟逐疫、降妖伏魔的超自然力量。

马褂：又名"红褂褂儿"，是与法衣配套的土老司做法事跳神时穿戴的服装，是一种无领、对襟、襟口镶有黑布边的红色褂子。

凤冠：又名"八凤冠"，是土老司做法事时所戴的头饰。"八"代表着土家族历史上崇拜的八个部落首领"八部大神"，也代表着"发人发财"的意思。凤冠用浆过的布壳做内衬，蒙上白布缝制，每一冠上面呈尖刀形或圆形，每一冠代表一个大神图像。清后期，由于受道教传入的影响，在一些土家族地区，"八凤冠"已改造成"五凤冠"，中间是道教"三清公"，两边是天地通行的"天师"。从凤冠变迁来看，土家人是信奉多神的，既有本民族土生土长的"八部大神"，又有道教的"三清公"与"天师"。

神图： 土家语称为"月皮"，是土老司做法事时使用的画轴。神图一般分为四张：一张为大神图，一般长约 2.5 米，宽约 1.2 米，悬挂于神堂正中，一般分为天、地、灵、神、火、山、鬼、人、走兽、水、无常 11 层，绘有风、雨、雷、电、云、地、南斗六星、北斗七星、彭公爵主、牛头马面等 135 个神祇。另有两张中神图、一张长神图，不一一详述。

八宝铜铃： 土老司做法事时使用的法器，也是土家族传统宗教服饰的必要组成部分。八宝铜铃一般用黄铜制成，相传八宝铜铃本为八位土家族历史上的八位祖公。有些地区也有六颗铜铃，相传土老司做法事时给苗老司一颗（苗族）、客土司一颗（汉族），所以只有六颗铜铃了。这从民俗文化的角度说明了土家族与汉族、苗族的交往、交流源远流长。

八幅罗裙法衣： 土老司做法事时的主要服装之一，用赤、橙、黄、绿、青、白、紫、黑八幅布料缝制而成，代表着土家本尊八部大神。据说穿上八幅罗裙法衣，土老司的灵魂可以上天入地。土老司在跳撒叶儿嗬时，八幅罗裙扇形张开，罗裙下缝制的小铜钱相互撞击，发出"叮当叮当"的铜铃声音，十分神圣庄严。

土家族传统宗教服饰因为代代相传，保存完好，现存法衣多为清代服饰，是土家族服饰文化中不可或缺的部分，从另一个角度也折射出土家人的精神世界。

五、土家服饰现代时尚设计

土家族服饰具有独特的土家族文化特点与审美情趣，将土家族传统服饰文化融合到现代时尚服装设计中，从传统服装的款式、色彩、图案、装饰中提炼出传统的审美元素，把传统审美的美感与时尚设计相融合，具有文化内涵、民族特性的服饰，也就成为新时代服饰设计的亮点。

● 四十八勾礼服

● 龙凤呈祥纹女上衣

● 万字流水纹大披肩

● 男式吉祥如意纹围巾

● 男式勾纹围巾

● 团圆纹手提包

● 西瓜花纹斜挎包

● 阳雀纹拖鞋（张家界乖么妹土家织锦有限公司供图）

附录一 土家族服饰文物

● 三管配刀踞座铜俑（张家界市博物馆藏 图 陈武 文 张丽丽）
年代：西汉
尺寸：高 16.6 厘米，宽 9.6 厘米
重量：1400 克
简介：铜俑头顶饰一根空心柱，发髻似帽，面部呈椭圆形，宽额；双耳肥大，右耳有一
　　　穿孔。双眼细长，鼻高，嘴小，双臂纤腰，双膝跪地，佩刀，胸前有一斜挎佩带，
　　　佩带上刻有"人字"纹饰。考古学家认定，这就是当地少数民族织锦的纹饰，实
　　　际上也就是汉代流行的"賨布"纹饰。

● 施南土司夫人金凤冠饰件（恩施州博物馆藏　摄影　孙喜）
年代：明代
简介：该套饰件共29件，于1981年在湖北省宣恩县城郊猫儿堡施南土司墓地出土。金凤冠饰件用黄金和宝石做成，雕有人物、花卉、动物等形状，大小不一。这些金饰件是明代施南土司夫人所戴，也是我国发现的唯一一套土司夫人金凤冠饰件。

104

● 三层镂空蝴蝶纹头金发簪（湘西土家族苗族自治州博物馆藏）
年代：明代
重量：28.2 克
出土地：永顺老司城

● 双龙头金手镯（湘西土家族苗族自治州博物馆藏）
年代：明代
重量：145 克
出土地：永顺老司城

● 土家族蓝呢镶云勾花边开襟广袖男夹衣（湘西土家族苗族自治州博物馆藏）
  年代：清代
  尺寸：通长83厘米，袖口宽44厘米

● 土家族男对襟上衣（长阳县博物馆藏　图　彭永超　文　张志芬）
  年代：清代
  简介：普蓝，对襟，夹层，铜盘扣，花贴边，袖短粗绣有人物图案。

● 土家族男折腰大裆裤（长阳县博物馆藏　图　彭永超　文　张志芬）
年代：清代
尺寸：通长91厘米，腰围60厘米
简介：青线、蓝布加白布裤腰，十字挑花绣，裤管短粗，裤脚镶两道边。

正面

背面

● 土家族白布挑四凤双虾纹右衽女童衣（湘西土家族苗族自治州博物馆藏）

年代：民国

尺寸：通长43厘米

简介：袖口与领口镶宽青布边，灰黄色底，双虾纹饰栩栩如生，四凤纹饰
则抽象灵动，特别是背面的双狮纹、宝塔形人鸟纹生动传神。

正面

背面

● 土家族白土布挑蝴蝶花镶青布云勾边对襟男童衣（湘西土家族苗族自治州博物馆藏）
年代：民国
尺寸：通长 43 厘米
简介：正面四只"蝴蝶"展翅欲飞，对襟处的云勾纹镶黑边，背面两只"蝴蝶"对称，
　　　托起团花纹。

● 土家族红呢右衽新娘"露水衣"（湘西土家族苗族自治州博物馆藏）
年代：民国
尺寸：通长93厘米
简介：袖和领口镶青布边，色彩红艳，造型活泼，诱出喜庆风格，为土家新娘所用。

● 土家族天蓝布镶青布花边右衽女上衣（湘西土家族苗族自治州博物馆藏）
年代：民国
尺寸：通长91.7厘米

● 民国土家族紫绫镶黑布边右衽女夹衣（湘西土家族苗族自治州博物馆藏）
年代：民国
尺寸：通长89厘米

● 土家族绣花百褶裙（长阳县博物馆藏　图　彭永超　文　张志芬）
　年代：清代
　尺寸：通长 85 厘米，腰围 116 厘米，下摆 117 厘米
　简介：棉白布上腰，毛呢裙身，红底，由两块组成，裙身绣有花草图案，黑镶边，腰系带。

● 土家族刺绣响铃裙（长阳县博物馆藏　图　彭永超　文　张志芬）
　年代：清代
　尺寸：通长 85 厘米，腰围 110 厘米
　简介：棉白布上腰，丝绸裙身，淡茄色底，由两块组成，裙身绣片带有
　　　　响铃装饰，腰系带。

● 土家族红绫镶青缎边八幅罗裙（湘西土家族苗族自治州博物馆藏）
年代：清代
尺寸：通长 95 厘米，腰围 140 厘米，下摆周长 200 厘米

● 土家族刺绣百褶裙（长阳县博物馆藏　图　彭永超　文　张志芬）
年代：清末
尺寸：腰围110厘米，长87厘米
简介：上腰，三盘扣，裙身丝绸，红、白、蓝、绿、黑等色相间，褶裥多且密，每只
　　　褶距2～3厘米，前后对称，手工刺绣，色彩搭配协调，图案为形态各异的
　　　蝴蝶和牡丹。

● 土家族红百褶裙（长阳县博物馆藏　图　彭永超　文　张志芬）
　年代：清末
　尺寸：长 87 厘米，腰围 57.3 厘米
　简介：白布上腰，裙身为红绸，红、黑、绿色相间，呈扇形，腰三盘扣，系带，彩线刺绣花草、
　　　　蝴蝶图案，整个裙身由两块组成，正前重叠，黑镶边。

116

● 土家族刺绣兜勒（长阳县博物馆藏
图 彭永超 文 张志芬）
年代：清末
尺寸：勒长39厘米，带长70厘米
简介：棉质，丝线绣。黑底，带尾
系铜钱二枚，缀有翠珠，勒
上绣有双龙戏珠图案，绣虎
于两端，套于额上，掩及于
耳，系两带于髻下结之。

● 土家族清末挑花十字绣围腰（长阳县博物馆藏　图　彭永超　文　张志芬）
　　年代：清末
　　尺寸：长65厘米，肩宽31厘米，下摆宽38厘米
　　简介：围腰红、蓝、白三色搭配。土家妇女挂在胸前的一种围裙，主要用以挡灰尘，
　　　　　冬天保暖，领部盘扣，下端与上衣平齐，中部刺有人物图。

● 土家族棉涎兜（长阳县博物馆藏
　图　彭永超　文　张志芬）
　年代：清末
　尺寸：直径35厘米
　简介：葵花圆形，棉，刺绣动物、花草、
　　　　寿桃图案，围在小儿颈勒一周。

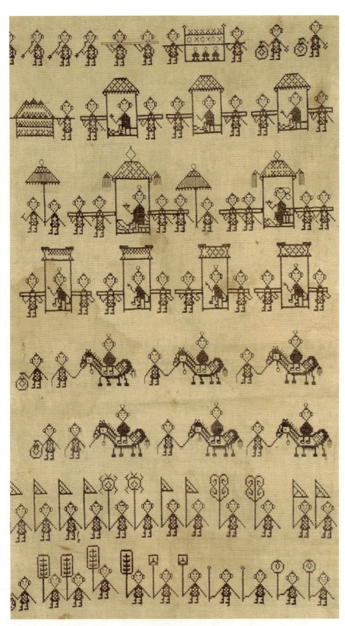

● 土家族棉枕巾（长阳县博物馆藏　图　彭永超　文　张志芬）

年代：民国

尺寸：通长74厘米，通宽37厘米

简介：长方形，白底蓝色图案，"八十八人抬轿图"十字挑花绣。

● "八十八人抬轿"挑花手帕（长阳县博物馆藏 图 彭永超 文 张志芬）
年代：民国
尺寸：边长 35 厘米
简介：正方形，白底彩线十字挑花绣，双人抬轿喜庆图，彩线收边。

● 土家族黄褐色缠枝纹绫交领右衽夹衣（张家界市博物馆藏　图 陈武　文 张丽丽）
　年代：明代
　尺寸：外衣衣长 92 厘米，展长 187 厘米，袖长 69 厘米，袖宽 33 厘米，下摆 82 厘米，
　　　　胸襟 61 厘米，领高 8.5 厘米
　重量：521 克
　简介：整件衣服为黄褐色缠枝纹绫面，交领、右衽，领处的绢绫颜色较之稍浅，已破损，
　　　　衣袖及衣摆均宽大。

● 土家族蓝色土布交领右衽棉衣（张家界市博物馆藏　图 陈武　文 张丽丽）
　年代：明代
　尺寸：此棉衣衣长 92 厘米，展长 192 厘米，袖长 65 厘米，衩高 38 厘米，
　　　　袖口 16 厘米，胸襟 61 厘米，下摆 84 厘米，领高 10 厘米
　重量：1517 克
　简介：蓝靛局部褪色成土布本色，较之外衣，袖口稍窄。

● 土家族蓝色土布交领右衽单衣（张家界市博物馆藏　图 陈武　文 张丽丽）
年代：明代
尺寸：衣长 92 厘米，展长 187 厘米，袖长 67 厘米，袖宽 31 厘米，下摆 83 厘米，胸襟 57 厘米
重量：495 克
简介：蓝靛局部褪色，较之外衣，袖口稍窄。

正面

背面

● 土家族蓝色布百褶夹围裙（张家界市博物馆藏　图 陈武　文 张丽丽）
年代：明代
尺寸：裙长 82 厘米，裙摆外层层长 413 厘米，腰高 6 厘米
重量：1240 克
简介：此裙共两层，每层两块布为一帘，内层为纯色土布，外层为蓝靛土布，蓝靛局部褪色严重，
　　　腰部以绳系之，共 32 个褶皱，是一件极具土家族特色的"八幅罗裙"。

● 土家族土黄色布大裆棉裤（张家界市博物馆藏）
年代：明代
尺寸：腰围54厘米，裤长85厘米，裤口27厘米，
　　　裤长120厘米
重量：969克
简介：裤管肥大，裤腿短，吊裆，腰部系绳。

● 土家族黄褐色缠枝纹绫面棉胫裤
　（张家界市博物馆藏　图 陈武　文 张丽丽）
年代：明代
尺寸：长35厘米，上宽19厘米，下宽18厘米
重量：359克
简介：表面着黄褐色缠枝纹绫面，系绳。

● 土家族云头白麻布鞋
　（张家界市博物馆藏　图 陈武　文 张丽丽）
年代：明代
尺寸：长20厘米，宽5.8厘米
重量：153克

附录一　土家族服饰文物

123

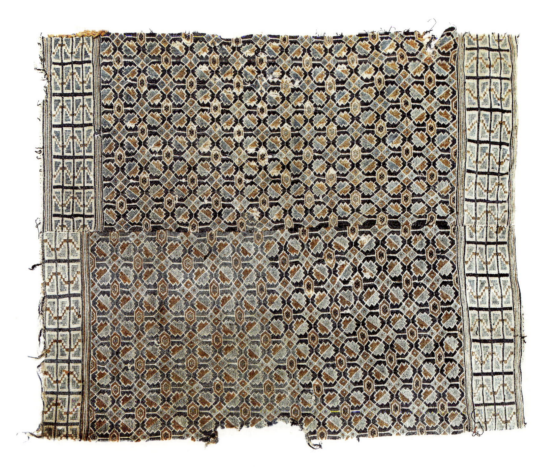

● 土家族六荞花纹织锦被面（中国民族博物馆藏）
年代·清中期
材质：土蚕丝
简介：该藏品纹样是土家锦中较常见的多菱形满天星图案，是由两幅织锦拼接成的一幅被面。

● 土家族棋盘花织锦被面（局部）（中国民族博物馆藏）
年代：清晚期
材质：土蚕丝、棉
简介：此幅被面图案的主轮廓类似山上盛开的棋盘花。被面边为黑色家织布，属于生活娱乐与植物混
　　　合类纹样。

附录二 | 土家族织锦

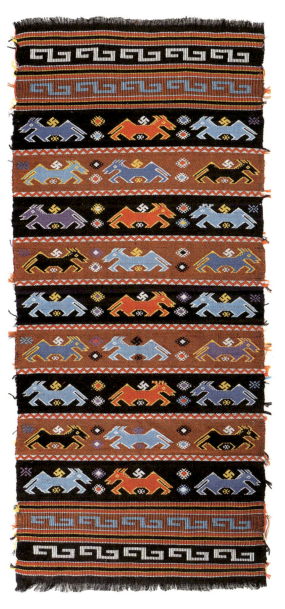

● 土家族蜘蛛花织锦
　材质：丝光棉
　尺寸：长 100 厘米，宽 40 厘米

● 土家族小马毕纹织锦
　材质：丝光棉
　尺寸：长 100 厘米，宽 40 厘米

● 土家族鸡盒子花织锦
　材质：丝光棉
　尺寸：长 100 厘米，宽 40 厘米

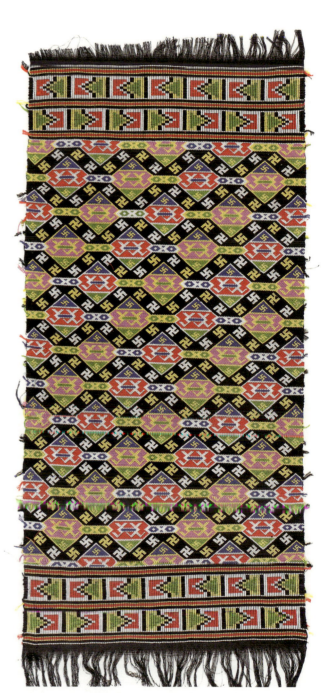

● 土家族实毕花织锦
　材质：丝光棉
　尺寸：长 100 厘米，宽 40 厘米

● 土家族蝴蝶花织锦
材质：丝光棉
尺寸：长 100 厘米，宽 40 厘米

● 土家族大狮子纹织锦
材质：丝光棉
尺寸：长 100 厘米，宽 40 厘米

● 土家族燕子花织锦
材质：棉
尺寸：长 100 厘米，宽 40 厘米

● 土家族蝴蝶牡丹纹织锦
材质：棉
尺寸：长 100 厘米，宽 40 厘米

● 土家族蟋蟀花纹织锦
材质：棉
尺寸：长 100 厘米，宽 40 厘米

● 土家族蛇花纹织锦
材质：棉
尺寸：长 100 厘米，宽 40 厘米

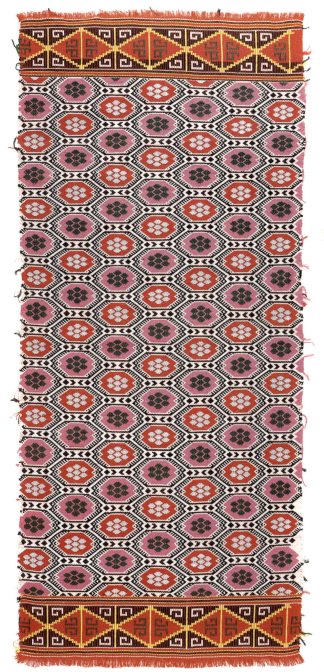

● 土家族阳雀花织锦
材质：棉
尺寸：长 100 厘米，宽 40 厘米

● 土家族虎脚迹纹织锦
材质：棉
尺寸：长 100 厘米，宽 40 厘米

● 土家族秧鸡花纹织锦
　材质：棉
　尺寸：长 100 厘米，宽 40 厘米

● 土家族阳雀花纹织锦
　材质：棉
　尺寸：长 100 厘米，宽 40 厘米

● 土家族十二生肖纹织锦壁挂
　材质：棉
　尺寸：长 67 厘米，宽 48 厘米

● 土家族珍兽图纹织锦
　材质：棉
　尺寸：长 100 厘米，宽 40 厘米

● 土家族莲花纹织锦
　材质：棉
　尺寸：长 100 厘米，宽 40 厘米

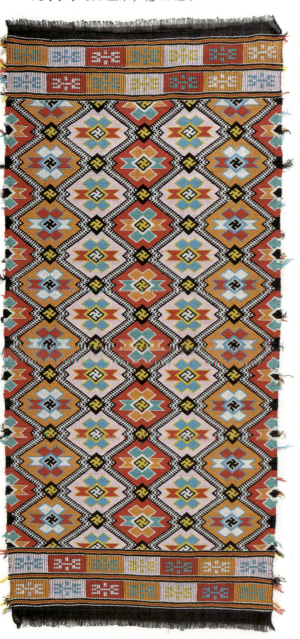

● 土家族八角香纹织锦
　材质：棉
　尺寸：长 100 厘米，宽 40 厘米

土家族四杂梅纹织锦
材质：棉
尺寸：长100厘米，宽40厘米

土家族牡丹花纹织锦
材质：棉
尺寸：长100厘米，宽40厘米

土家族桫椤树纹织锦
材质：棉
尺寸：长100厘米，宽40厘米

土家族大刺花纹织锦
材质：棉
尺寸：长100厘米，宽40厘米

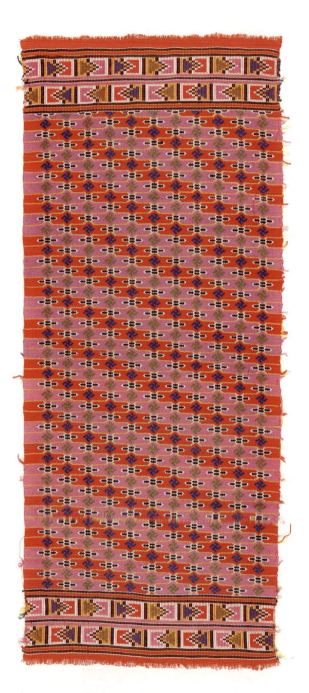

● 土家族藤藤花纹织锦
　材质：棉
　尺寸：长 100 厘米，宽 40 厘米

● 土家族金勾莲纹织锦
　材质：棉
　尺寸：长 100 厘米，宽 40 厘米

● 土家族棉花纹织锦
材质：棉
尺寸：长 100 厘米，宽 40 厘米

● 土家族尖菊花纹织锦
材质：棉
尺寸：长 100 厘米，宽 40 厘米

● 土家族大莲蓬纹织锦
材质：棉
尺寸：长100厘米，宽40厘米

● 土家族白果花纹织锦
材质：棉
尺寸：长100厘米，宽40厘米

● 土家族蕉山梅纹织锦
材质：棉
尺寸：长100厘米，宽40厘米

● 土家族金瓜花纹织锦
材质：棉
尺寸：长100厘米，宽40厘米

- 土家族麻叶花纹织锦
  材质：棉
  尺寸：长100厘米，宽40厘米

- 土家族玫瑰花纹织锦
  材质：棉
  尺寸：长100厘米，宽40厘米

- 土家族玫瑰花纹织锦
  材质：棉
  尺寸：长100厘米，宽40厘米

- 土家族小玉章盖纹织锦
  材质：棉、丝
  尺寸：长100厘米，宽40厘米

● 土家族磨盘花纹织锦
材质：棉、丝
尺寸：长100厘米，宽40厘米

● 万字水井纹织锦
材质：棉、丝
尺寸：长120厘米，宽40厘米

● 土家族粑粑架纹织锦
材质：棉、丝
尺寸：长100厘米，宽40厘米

● 土家族千丘田纹织锦
材质：棉、丝
尺寸：长100厘米，宽40厘米

● 土家族磨架子花纹织锦
材质：棉、丝
尺寸：长100厘米，宽40厘米

● 土家族铜钱花纹织锦
材质：棉、丝
尺寸：长100厘米，宽40厘米

● 土家族桌子花纹织锦
材质：棉
尺寸：长100厘米，宽40厘米

● 土家族岩墙花纹织锦
材质：棉
尺寸：长100厘米，宽40厘米

● 土家族粑粑架纹织锦
　材质：棉
　尺寸：长 100 厘米，宽 40 厘米

● 土家族船船花纹织锦
　材质：棉
　尺寸：长 100 厘米，宽 40 厘米

● 土家族锯齿花纹织锦
　材质：棉
　尺寸：长 100 厘米，宽 40 厘米

附录二　土家族织锦

142

● 土家族万字流水纹织锦
　材质：棉
　尺寸：长 100 厘米，宽 40 厘米

● 土家族神龛花纹织锦
　材质：棉
　尺寸：长 100 厘米，宽 40 厘米

● 土家族田字纹织锦
　材质：棉
　尺寸：长 100 厘米，宽 40 厘米

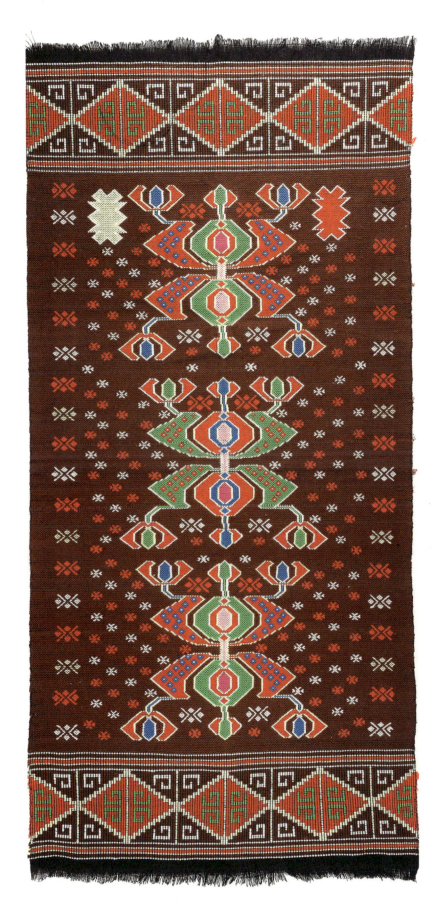

●土家族吊灯花纹织锦

材质：棉

尺寸：长100厘米，宽40厘米

● 土家族龙船花纹织锦
材质：棉
尺寸：长 100 厘米，宽 40 厘米

● 土家族背篓花纹织锦
材质：棉、丝
尺寸：长 100 厘米，宽 40 厘米

● 土家族桶桶盖纹织锦
材质：棉
尺寸：长 100 厘米，宽 40 厘米

● 土家族桫椤丫纹织锦
材质：棉
尺寸：长 100 厘米，宽 40 厘米

● 土家族豆腐架纹织锦
材质：棉
尺寸：长 100 厘米，宽 40 厘米

● 土家族豆腐架纹织锦
材质：棉
尺寸：长 100 厘米，宽 40 厘米

● 土家族《里耶古镇》织锦壁挂（中国民族博物馆藏）
　材质：棉

● 土家族《天门山》织锦壁挂（中国民族博物馆藏）
　材质：棉

● 土家族《湘西行》壁挂（中国民族博物馆藏）
   材质：棉
   尺寸：长50厘米，宽115厘米

● 土家族《武陵小康》织锦壁挂（中国民族博物馆藏）
   材质：棉、丝
   尺寸：长160厘米，宽460厘米

● 土家族《甲子顺锦》巨幅织锦（湘西土家族苗族自治州博物馆藏　李开奇设计，刘代娥等制作）
　　材质：棉
　　尺寸：长 6000 厘米，宽 160 厘米
　　简介：《甲子顺锦》为庆祝湘西土家族苗族自治州成立 60 周年而定制，是目前全国最长的土家织
　　　　　锦，包含花草、鸟兽、天象、勾花等经典图案，由 8 名土家织锦艺人历时 8 个月织造而成，
　　　　　全面展示了土家织锦的特点与魅力。

● 土家族《巴陵胜景——岳阳楼》织锦（人民大会堂湖南厅藏）

● 土家族土王五颗印纹织锦
材质：棉
尺寸：长100厘米，宽40厘米

● 土家族骑马人纹织锦
材质：棉
尺寸：长100厘米，宽40厘米

● 土家族龙人纹织锦
材质：棉
尺寸：长100厘米，宽40厘米

● 土家族《屈子行吟图》织锦
（1985年汪为义设计的科研创新织品）

● 土家族太阳花纹织锦
材质：棉、丝
尺寸：长100厘米，宽40厘米

● 土家族满天星纹织锦
材质：棉
尺寸：长90厘米，宽38厘米

● 土家族台台花纹织锦
材质：棉
尺寸：长100厘米，宽40厘米

● 土家族寿字格纹织锦
材质：棉
尺寸：长100厘米，宽40厘米

● 土家族凤穿牡丹纹织锦
　材质：棉
　尺寸：长 100 厘米，宽 40 厘米

● 土家族凤凰牡丹纹织锦
　材质：棉
　尺寸：长 100 厘米，宽 40 厘米

● 土家族双凤牡丹纹织锦
　材质：棉
　尺寸：长 100 厘米，宽 40 厘米

● 土家族龙凤花纹织锦
　材质：棉
　尺寸：长 100 厘米，宽 40 厘米

● 土家族福禄寿喜纹织锦
　材质：棉
　尺寸：长 100 厘米，宽 40 厘米

● 土家族龙凤呈祥纹织锦
　材质：棉
　尺寸：长 100 厘米，宽 40 厘米

● 土家族长命富贵纹织锦
材质：棉
尺寸：长 100 厘米，宽 40 厘米

● 土家族八狮抬印纹织锦
材质：棉
尺寸：长 100 厘米，宽 40 厘米

● 土家族鲤鱼跳龙门纹织锦
材质：棉
尺寸：长 100 厘米，宽 40 厘米

● 土家族一品当朝纹织锦
材质：棉
尺寸：长 100 厘米，宽 40 厘米

● 土家族凤穿牡丹纹织锦
材质：棉、丝
尺寸：长180厘米，宽150厘米

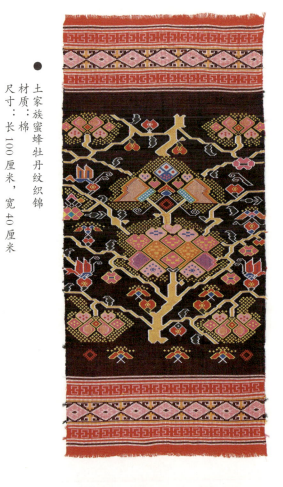

● 土家族蜜蜂牡丹纹织锦
材质：棉
尺寸：长 100 厘米，宽 40 厘米

● 土家族老鼠嫁女纹织锦
材质：棉
尺寸：长 100 厘米，宽 40 厘米

● 土家族喜鹊闹梅纹织锦
材质：棉
尺寸：长 100 厘米，宽 40 厘米

● 土家族狮子滚绣球纹织锦
材质：棉
尺寸：长 100 厘米，宽 40 厘米

● 土家族鹭鸶踩莲纹织锦
材质：棉
尺寸：长100厘米，宽40厘米

● 土家族野鹿含花纹织锦
材质：棉
尺寸：长100厘米，宽40厘米

● 土家族拖比八勾纹织锦
材质：棉
尺寸：长100厘米，宽40厘米

● 土家族单八勾纹织锦
材质：棉
尺寸：长100厘米，宽40厘米

● 土家族十二勾纹织锦
　材质：棉
　尺寸：长100厘米，宽40厘米

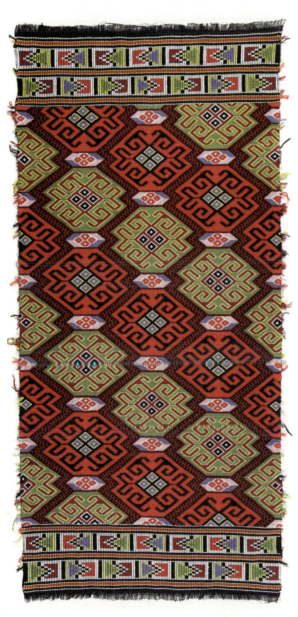

● 土家族二十四勾纹织锦
　材质：棉
　尺寸：长100厘米，宽40厘米

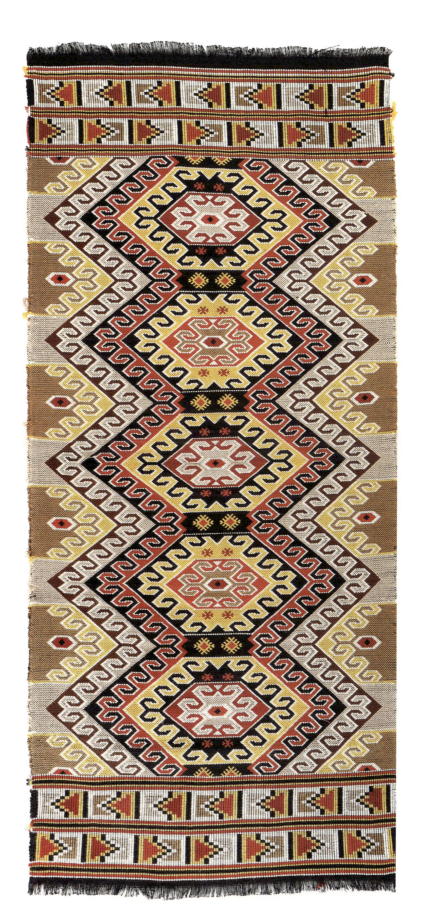

● 土家族四十八勾纹织锦
材质：棉
尺寸：长100厘米，宽40厘米

● 土家族双勾纹织锦
材质：棉
尺寸：长 100 厘米，宽 40 厘米

参考文献

一、古　籍

[1]（汉）司马迁.史记[M].北京：中华书局，1982.

[2]（汉）应劭.风俗通义校注[M]．北京：中华书局，1981.

[3]（汉）班固.汉书·地理志[M]．北京：中华书局，1982.

[4]（晋）常璩.华阳国志[M]·巴志.成都：巴蜀书社，1984.

[5]（宋）范烨.后汉书·南蛮西南夷列传[M].北京：中华书局，2005.

[6]（宋）司马光.资治通鉴[M].北京：中华书局，2011.

[7]（宋）朱辅.溪蛮丛笑[M].北京：中华书局，1991.

[8]（元）脱脱等.宋史·蛮夷·西南溪峒诸蛮[M].北京：中华书局，1985.

[9]（清）毕沅.续资治通鉴[M].上海：上海古籍出版社，1987.

[10]（明）李贤，万安等.大明一统志[M].北京：国家图书馆出版社，2009.

[11]（清）董诰.皇清职贡图[M].北京：中华书局，1968.

[12]（清）傅恒等.皇清职贡图[M].沈阳·订沈书社，1991.

[13]（清）符为霖修，刘沛纂.龙山县志[M].光绪四年重刊本.

[14]（清）何选鉴，张钧编纂.来凤县志[M].清同治抄本.

[15]（清）魏式曾增修，郭鉴襄增纂.永顺府志·物产志[M].清同治十二年刊本.

[16]（清）林继钦等编纂.保靖县志[M].同治己巳年刻本.

[17]（清）松林，何远鉴.增修施南府志[M].同治十年刊本.

[18]（清）邵陆.酉阳通志[M].成都：巴蜀书社，2010.

[19]（清）张九章，陈藩垣.黔江县志[M].清光绪二十年复印本.

二、专 著

[1]向津清.古溪州土家族民间传说故事[M].北京：中央民族大学出版社，2017.

[2]印江土家族苗族自治县地方志编纂委员会.印江土家族苗族自治县志[M].北京：方志出版社，2017.

[3]楚任杰，杨智.张家界土家族文化[M].长沙：湖南科学技术出版社，2016.

[4]唐洪祥.西兰卡普[M].西安：陕西师范大学出版社，2015.

[5]胡祥华，黄柏权.中国土家族大百科全书[M].武汉：湖北人民出版社，2021.

[6]王新勇，王飞霞.土家族审美文化学初论[M].北京：中国社会科学出版社，2014.

[7]黄柏权.土家族历史文化散论[M].广州：世界图书出版广东有限公司，2014.

[8]詹云.土家族图案艺术的文化内涵和审美特征[M].北京：中国书籍出版社，2014.

[9]田永红.黔山巴虎·土家族[M].贵阳：贵州民族出版社，2014.

[10]覃代伦.土家族[M].北京：中国人口出版社，2014.

[11]杨亭.土家族审美文化研究[M].北京：人民出版社，2014.

[12]谭志松.土家族非物质文化的教育保护与传承研究[M].北京：民族出版社，2011.

[13]湖南省龙山县志编纂委员会.龙山县志[M].北京：方志出版社，2012.

[14]彭武麟.中国土家族[M].银川：宁夏人民出版社，2012.

[15]彭福荣，谭清宣，莫代山.重庆世居少数民族研究·土家族卷[M].重庆：重庆出版社，2011.

[16]田明.湘西土家族织锦技艺[M].长沙：湖南师范大学出版社，2011.

[17]王文章.西兰卡普的传人·土家织锦大师和传承人口述史[M].北京：中央编译出版社，2010.

[18]杨选民，杨昌鑫.文化人类学的湘西文本[M].长沙：湖南人民出版社，2010.

[19]《土家族简史》编写组.土家族简史[M].北京：民族出版社，2009.

[20]《中国少数民族社会历史调查资料丛刊》修订编辑委员会.土家族社会历史调查[M].北京：民族出版社，2009.

[21]田明.土家织锦[M].北京：学苑出版社，2008.

[22]汪为义，田顺新，田大年.湖湘织锦[M].长沙：湖南美术出版社，2008.

[23]叶梅.我的西兰卡普[M].北京：中央民族大学出版社，2008.

[24]《五峰土家族自治县概况修订本》编写组.五峰土家族自治县概况[M].北京：民族出版社，2007.

[25]龙颂江等.湘西民间工艺美术精粹[M].北京：学苑出版社，2007.

[26]陈圡显.长阳县志[M].北京：方志出版社，2005.

[27]辛艺华，罗彬.土家族民间美术[M].武汉：湖北美术出版社，2004.

[28]张伟权.土家语汉语词典[M].贵阳：贵州民族出版社，2002.

[29]钟茂兰.民间染织美术[M].北京：中国纺织出版社，2002.

[30]张良皋.武陵土家[M].北京：三联书店，2001.

[31]秀山土家族苗族自治县县志编纂委员会.秀山县志[M].北京：中华书局，2001.

[32]田敏.土家族土司兴亡史[M].北京：民族出版社，2000.

[33]段超.土家族文化史[M].北京：民族出版社，2000.

[34]桑植地方志编纂委员会.桑植县志[M].深圳：海天出版社，2000.

[35]胡炳章.土家族文化精神[M].北京：民族出版社，1999

[36]田发刚.鄂西土家族传统情歌[M].北京：中央民族大学出版社，1999.

[37]湘西土家族苗族自治州地方志编纂委员.湘西州志[M].长沙：湖南人民出版社，1999.

[38]任泽全.恩施州志[M].武汉：湖北人民出版社，1998.

[39]左汉中.中国民间美术造型[M].长沙：湖南美术出版社，1992.

[40]湖北省五峰土家族自治县地方志编纂委员会.五峰县志[M].北京：中国城市出版社，1994.

[41]王承尧，罗午.土家族土司简史[M].北京：中央民族学院出版社，1991.

[42]彭武一.湘西溪州铜柱与土家族历史源流[M].北京：中央民族学院出版社，1989.

[43]刘孝瑜.土家族[M].北京：民族出版社，1989.

[44]凤凰县地方志编纂委员会.凤凰县志[M].长沙：湖南人民出版社，1988.

[45]徐中舒.论巴蜀文化[M].成都：四川人民出版社，1981.

三、论　文

[1]韩玉婷，韩帆.湘西土家族织锦图案在现代设计中的运用研究[J].贵州民族研究，2015年第8期.

[2]李梦.西兰卡普纹样的艺术特色及其艺术传承与保护[J].武汉理工大学学报（社会科学版），2014年第2期.

[3]刘冠彬等.土家织锦纹织结构分析[J].纺织科学研究，2013年第10期.

[4]冉红芳.新中国成立以来"西兰卡普"研究述评[J].中南民族大学学报（人文社会科学版），2013年第2期.

[5]杨蓓，肖弋.湘西土家织锦——西兰卡普纹样研究[J].美术，2012年第4期.

[6]陈文武，李开德.土家族织锦的瑰宝——西兰卡普[J].三峡大学学报，2010年第2期.

[7]盛竞凌.土家织锦"老鼠嫁女"图纹的意义解读[J].民族论坛，2010年第6期.

[8]张汉军，谢宏雯.从西兰卡普看土家族审美文化——以武陵地区酉水流域为例[J].长江论坛，2010年第4期.

[9]盛竞凌.土家人远古白虎图腾崇拜的历史回——土家织锦"台台花"图纹探析[J].大众文艺，2009年第18期.

[10]王平.论土家族服饰的文化内涵[J].湖北民族学院学报（哲学社会科学版），2009年第3期.

[11]向云根.土家织锦的文化属性[J].艺术理论，2009年第4期.

[12]王希辉.土家族传统服饰变迁及其当代启示[J].民族艺术研究，2008年第2期.

[13]冉红芳.土家族织锦文化变迁及其动因分析[J].湖北民族学院学报，2008年第5期.

[14]李敏.鄂西土家族织锦的"图式文化"特征[J].中南民族大学学报，2008年第1期.

[15]黄柏权.土家族民间工艺变迁研究[J].中南民族大学学报，2007年第1期

[16]谭淋心等.论西兰卡普在现代家用纺织品中的设计开发[J].民族论坛，2007年第2期.

[17]李嘉.土家族"西兰卡普"的文化特征简析[J].中南民族大学学报，2007年第5期.

[18]祁庆富.论非物质文化遗产保护中的传承及传承人[J].西北民族研究，2006年第3期.

[19]王颖，姚建平.从西兰卡普谈土家族的审美意识[J].美与时代，2005年第3期.

[20]高磊.试论土家织锦艺术的传统与未来[J].武汉科技学院学报，2004年第2期.

[21]田大年.湘西土家锦:山里女人的美丽梦想[J].民族论坛，2004年第10期.

[22]田少煦，胡万卿.西兰卡普的文化内涵[J].民族论坛，2002年第5期.

[23]辛艺华，罗彬.土家族织锦的审美特征[J].华中师范大学学报，2001年第3期.

[24]辛艺华，罗彬.土家族织锦的现代价值变迁[J].湖北民族学院学报，2001年第2期.

[25]向渊泉.土家族传统装饰图案的流传与构成探讨[J].土家学刊，1999年第2期.

[26]叶立东.试论土家织锦的"卐"图纹[J].吉首大学学报，1997年第4期.

[27]张应斌.土家族土王与梯玛关系管见[J].中南民族学院学报（哲学社会科学版），1994年第5期.

[28]张惠朗，向元生.土家族服饰的演变及其特征[J].中南民族学院学报（哲学社会科学版），1990年第4期.

[29]邵树清.土家族纺织历史及其织锦风俗特点探微[J].中南民族学院学报，1990年第1期.

[30]田少煦.土家织锦纹样初探[J].中央民族学院学报，1989年第3期.

[31]郭永禄等.土家锦[J].江苏丝绸，1984年第3期.

[32]彭丽君.湖南苗儿滩地区土家族织锦符号研究[D].贵阳：贵州民族大学，2016.

[33]张又川.土家族织锦西兰卡普研究及其在服饰设计中的运用[D].北京：北京服装学院，2014.

[34]徐骏栋.土家族织锦工艺传承式微归因研究——以湖南龙山捞车村为例[D].重庆：西南大学，2009.

[35]金宣.湘西龙山地区土家族传统织锦研究[D].北京：中国艺术研究院，2008.

除署名外，本书图片由

张卫华、汪为义、丁世举、张甜甜、汤晓燕、李开奇、覃代伦、胡彦龙等供稿。

图书在版编目（CIP）数据

中国博物馆馆藏民族服饰文物研究.土家族卷/覃
代伦,胡彦龙著.-- 上海：东华大学出版社,2021.9
ISBN 978-7-5669-1957-1

Ⅰ.①中… Ⅱ.①覃… ②胡… Ⅲ.①土家族—民族
服饰—研究—中国 Ⅳ.① K875.24 ② TS941.742.8

中国版本图书馆 CIP 数据核字（2021）第 166758 号

责任编辑：赵春园
装帧设计：上海程远文化传播有限公司

中国博物馆馆藏民族服饰文物研究·土家族卷

著者：覃代伦　胡彦龙

出版：东华大学出版社（上海市延安西路1882号，邮政编码：200051）

出版社网址：dhupress.dhu.edu.cn

天猫旗舰店：http://dhdx.tmall.com

营销中心：021-62193056　62373056　62379558

印刷：上海雅昌艺术印刷有限公司

开本：889mm×1194mm　1/16

印张：11.5

字数：366千字

版次：2021年9月第1版

印次：2021年9月第1次

书号：ISBN 978-7-5669-1957-1

定价：298.00元